U0529532

本书为：云南省铸牢中华民族共同体意识基地项目"边疆民族地区红色资源耕耘与赓续的个案研究"、云南大学2022年教育教学改革研究重点项目"贯通课程、田野与竞赛——构建《发展社会学》一流课程价值链体系"、云南大学2022年国家级大学生创新创业训练项目"赓红博物馆——西畴精神的数字化传播"的阶段性成果。

云南大学
周边外交研究丛书

陈 雪 ◎ 主编

小县何能？
——西畴县域调查

中国社会科学出版社

图书在版编目(CIP)数据

小县何能？：西畴县域调查/陈雪主编.—北京：中国社会科学出版社，2023.6
ISBN 978-7-5227-2373-0

Ⅰ.①小… Ⅱ.①陈… Ⅲ.①社会调查—调查研究—西畴县 Ⅳ.①D668

中国国家版本馆 CIP 数据核字(2023)第 148786 号

出 版 人	赵剑英
责任编辑	马　明
责任校对	姜萌萌
责任印制	王　超

出　　版	中国社会科学出版社
社　　址	北京鼓楼西大街甲 158 号
邮　　编	100720
网　　址	http://www.csspw.cn
发 行 部	010-84083685
门 市 部	010-84029450
经　　销	新华书店及其他书店

印　　刷	北京君升印刷有限公司
装　　订	廊坊市广阳区广增装订厂
版　　次	2023 年 6 月第 1 版
印　　次	2023 年 6 月第 1 次印刷

开　　本	710×1000　1/16
印　　张	13.75
字　　数	212 千字
定　　价	69.00 元

凡购买中国社会科学出版社图书，如有质量问题请与本社营销中心联系调换
电话：010-84083683
版权所有　侵权必究

云南大学周边外交研究中心
学术委员会名单

主 任 委 员： 郑永年

副主任委员： 邢广程　朱成虎　肖　宪

委　　　员：（按姓氏笔画排序）

王逸舟　孔建勋　石源华
卢光盛　刘　稚　许利平
李一平　李明江　李晨阳
杨　恕　吴　磊　陈东晓
张景全　张振江　范祚军
胡仕胜　高祖贵　翟　崑
潘志平

《云南大学周边外交研究丛书》
编委会名单

编委会主任： 林文勋

编委会副主任： 杨泽宇　肖　宪

编委会委员：（按姓氏笔画排序）
　　　　　　　孔建勋　卢光盛　刘　稚
　　　　　　　毕世鸿　李晨阳　吴　磊
　　　　　　　翟　崑

总　序

　　近年来，全球局势急剧变化，国际社会所关切的一个重要议题是：中国在发展成为世界第二大经济体之后，其外交政策是否会从防御转变为具有进攻性？是否会挑战现存的大国和国际秩序，甚至会单独建立以自己为主导的国际体系？的确，中国外交在转变。这些年来，中国已经形成了三位一体的新型大外交，我把它称为"两条腿，一个圈"。一条腿是"与美、欧、俄等建立新型的大国关系，尤其是建立中美新型大国关系"；另一条腿为主要针对广大发展中国家的发展倡议，即"一带一路"；"一个圈"则体现于中国的周边外交。这三者相互关联、互相影响。不难理解，其中周边外交是中国外交的核心，也是影响另外两条腿行走的关键。这是由中国本身特殊的地缘政治考量所决定的。首先，周边外交是中国在新形势下全球谋篇布局的起点。中国的外交中心在亚洲，亚洲的和平与稳定对中国至关重要，因此能否处理好与周边国家的关系、克服周边复杂的地缘政治环境，将成为中国在亚洲崛起并建设亚洲命运共同体的关键。其次，周边外交是助推中国"一带一路"主体外交政策的关键之举。"一带一路"已确定为中国的主体外交政策，而围绕"一带一路"的诸多方案意在推动周边国家的社会经济发展，考量的是如何多做一些有利于周边国家的事，并让周边国家适应中国从"韬光养晦"到"有所作为"的转变，使其愿意合作，加强对中国的信任。无疑，这是对周边外交智慧与策略的极大考验。最后，周边外交也是中国解决中美对抗、中日对抗等大国关系的重要方式与途径。中国充分发挥周边外交效用，巩固与加强同周边国家的友好合作关系，支持周边国家的发展壮大，提升中国的向心力，将降低美、日等大国在中国周边国家与地区中的影响力，并降低美国在亚洲同盟与中国对抗的可能性与风险，促成周边国家自觉对中国的外交政策做出适当的调整。

　　从近几年中国周边外交不断转型和升级来看，中国已经在客观上认识到了周边外交局势的复杂性，并做出积极调整。不过，目前还没能拿出一个更为具体、系统的战略。不难观察到，中国在周边外交的很多方面既缺乏方向，更缺乏行动力，与周边国家的关系始终处于"若即若离"的状态。其中导致该问题的一个重要原因是对周边外交研究的不足与相关智库建设的缺失，致使中国的周边外交还有很大的提升和改进空间。云南大学周边外交中心一直紧扣中国周边外交发展的新形势，在中国周边外交研究方面有着深厚基础、特色定位，并在学术成果与外交实践上硕果颇丰，能为中国周边外交实践起到智力支撑与建言献策的重要作用。第一，在周边外交研究的基础上，云南大学周边外交中心扎实稳固，发展迅速。该中心依托的云南大学国际问题研究院从20世纪40年代就开始了相关研究。21世纪初，在东南亚、南亚等领域的研究开始发展与成熟，并与国内外相关研究机构建立了良好的合作关系，同时自2010年起每年举办的西南论坛会议成为中国西南地区最高层次的学术性和政策性论坛。2014年申报成功的云南省高校新型智库"西南周边环境与周边外交"中心更在中央、省级相关周边外交决策中发挥着重要作用。第二，在周边外交的研究定位上，云南大学周边外交中心有着鲜明的特色。该中心以东南亚、南亚为研究主体，以大湄公河次区域经济合作机制（GMS）、孟中印缅经济走廊（BCIM）和澜沧江—湄公河合作机制（LMC）等为重点研究方向，并具体围绕区域经济合作、区域安全合作、人文交流、南海问题、跨界民族、水资源合作、替代种植等重点领域进行深入研究并不断创新。第三，在周边外交的实际推动工作上，云南大学周边外交中心在服务决策、服务社会方面取得了初步成效。据了解，迄今为止该中心完成的多个应用性对策报告得到了相关部门的采纳和认可，起到了很好的资政服务作用。

　　云南大学周边外交中心推出的《云南大学周边外交研究丛书》与《云南大学周边外交研究中心智库报告》等系列丛书正是基于中国周边外交新形势以及自身多年在该领域学术研究与实践考察的深厚

积淀之上。从周边外交理论研究方面来看，这两套丛书力求基于具体的区域范畴考察、细致的国别研究、详细的案例分析，构建起一套有助于建设亚洲命运共同体、利益共同体的新型周边外交理论，并力求在澜沧江—湄公河合作机制、孟中印缅经济合作机制、水资源合作机制等方面有所突破与创新。从周边外交的具体案例研究来看，该套丛书结合地缘政治、地缘经济的实际情况以及实事求是的田野调查，以安全合作、经济合作、人文合作、环境合作、边界冲突等为议题，进行了细致的研究、客观独立的分析与思考。从对国内外中国周边外交学术研究与对外实践外交工作的意义来看，该丛书不仅将为国内相关研究同人提供借鉴，也将会在国际学界起到交流作用。与此同时，这两套丛书也将为中国周边外交的实践工作的展开提供智力支撑并发挥建言献策的积极作用。

郑永年

2016 年 11 月

《小县何能？——西畴县域调查》
编委会

主　编：陈　雪

委　员：（按姓氏笔画排名不分先后）
　　　　安龙凯　李文哲　李会泽　陈婧璇
　　　　高思蓉　梁兆哲　鲁思妍　潘姝羽

执笔人：陈　雪

自序　铸牢中华民族共同体意识指导思想下的实践育人探索

2021年5月，作为云南大学与地方合作以创新铸牢中华民族共同体意识工作的重要载体——文山州铸牢中华民族共同体意识研究中心教育教学实践基地正式成立。作为校方专家参与其中的我，还有另一个身份——我出生成长于文山，我生命最初的18年就在这个因"西畴精神""老山精神"享誉全国的地方。专家与家乡人的双重身份，使我在基地成立之后，就迫切地想要做点什么。在此之前，我个人的研究主要聚焦云南边境线上的跨境人口流动，因此在文山州，我的田野点主要集中在麻栗坡与马关县。基地成立之际，我们专家组一行在文山州民族宗教委同志的带领下来到西畴。

西畴县是一个名副其实的小县，县城常住人口不过2万余人，它与赫赫有名的老山前线所在的麻栗坡县相聚不到55公里。如果没有"搬家不如搬石头，苦熬不如苦干，等不是办法，干才有希望"口号的叫响，没有一代又一代西畴干部群众对"西畴精神"的入脑入心与接续传承，我难以想象这个既没有沿边优势，也没有自然资源禀赋，反而一直为石漠化所困的小县城会是一番什么样的景象。但这个卡在山坳坳、石缝缝，难道只是因由地方干部群众的能动性使然吗？"西畴精神"是否只是一种偶然形成的地方精神？如果是，这个"偶然"的过程是什么样的？如果不是，我们应该如何去审视它的产生、它的价值与意义。

西畴之行结束后，带着研究问题的我，回到课堂上。恰巧2021年的春季，我给本科同学同时在上"发展社会学"与"社会调查与研究方法"两门课程，我开始策划招募一批接受过一定社会学理论与方法训练的本科生，对西畴开展长期持续深入的调研。在这一年，2019级社会学专业的安龙凯、李文哲、李会泽、陈婧璇，以及社会工作专业的潘姝羽同学，还有另外一位其他专业的同学加入了这个调研团队，我们在暑假前往西畴展开了第一轮调研。2022年暑假，2020级社会学专业的梁兆哲与2021级的高思蓉、鲁思妍也加入了调研团队，我带领8位同学对西畴开启了第二轮的调研。

在这两年间，我们以"西畴"为基本观察单位，以县、乡、村三级作为调查维度，开展参与式观察和深度访谈。在县一级，团队对20余位县委、县政府部门干部进行了访谈，了解县域治理机制与部门条块关系，与党政部门就石漠化治理、民族文化发展、社会治理、社会现代化等主题进行了座谈和交流，对西畴县成功经验进行挖掘。同时尽可能收集政府统计数据、相关政策文件等文本信息，丰富田野资料。

在乡一级，团队跨越西畴县5个乡镇，对洪银刺绣厂、三光草莓种植基地等16个乡镇特色产业进行研究，对当地乡镇干部、居委会负责人、企业家、厂主、农户等人员进行访谈，分析西畴产业现代化的发展历程。同时关注各乡镇在新型城镇化建设与乡村振兴中如何实现县乡有效衔接、构建新型城乡关系。

在村一级，团队对木者村、岩头村、江龙村、大寨村、老克田村等11个自然村的发展模式，地方精英在脱贫攻坚、乡村振兴中的角色扮演进行研究，探索正式与非正式精英在县域现代化建设中的功能。

团队还访谈了多位"西畴精神"典型代表人物，对"西畴精神"追根溯源。通过实地调研回溯"西畴精神"的发展历程和"西畴精神"的现实功能。

通过深入调研，对"西畴精神"产生与持续更为深层次的原因，逐渐展示在我与同学们的面前，那便是"国家在场"。"西畴精神"的产生并不是偶然发生，而是各个不同时期，党和国家主导的发展政策、规划、工程与地方能动的深度结合。"西畴精神"不是狭隘的地方主义，而是将中央与地方、民族与民族、发展与生态等中国式现代化进程中重要的关系，进行紧密衔接的公共产品。"西畴精神"是中华民族奋斗精神的具体化，它不仅具有在地凝聚和激励的价值功能，更有着广阔的共享性，能够唤醒唤起更多人为之感染、共鸣和感召。

对于社会学及相关专业的学生来说，这个从田野里获取的研究发现，有着极为重要的意义。我们在课堂上学习的《发展社会学》，旨在探寻第三世界国家发展道路、发展方案。通过对一个小县的"沉浸式"观察调研，让学生们将理论教学中对发展、现代化问题的系统性、前沿性与现实性指向与田野调查实践的方向与主题紧密结合，塑造了学生的问题意识，提升学生理论运用于田野调查、问题分析的能力。在这个过程中，我与同学们深度互动，逐渐培育了一个有温度的师生学术共同体，逐渐引导他们成为主动讲述、讲好中国发展故事，凝练中国方案、升华中国价值的参与者与主力军。

这一本小书的出版，就是师生学术共同体构建的见证。在本书出版之际，一些同学即将本科毕业，我将此书作为他们的毕业礼物。无论他们是将继续学术之旅，还是踏入社会、步入工作岗位，愿这一段观察思考的经历能帮助他们建立自我与国家、社会和民族的紧密情感和责任联系。还有一些同学依然继续着本科学业，我相信这一共同体的模式不会就此中断，而会不断地连接、吸纳与更新。

习近平总书记曾指出："调查研究是谋事之基、成事之道。"[①] 2023年云南大学迎来百年校庆，总书记的贺信肯定了云南大学多年来在人才培养与服务西南边疆民族地区经济社会发展方面的重要贡献，更对未来学校在铸牢中华民族共同体意识、为建设教育强国作出新的更大贡献方面指明了方向。我们将继续构建完善理论教学与田野教学结合的师生学术共同体，立足边疆民族地区中国现代化建设的问题预设，突出学与践的联系、强调知识扩展与创新；全方位培养提升学生的观察分析、写作、项目执行、竞赛应变、创新创业等多种能力，全面赋能学生，激发学生主动学习的内生动力。

最后，我怀着无比真挚的感情，感谢文山州民族宗教委、西畴县委县政府各位领导干部对我们田野调查提供的全面支持与帮助。

陈 雪

2023 年 4 月

[①] 习近平：《干在实处 走在前列——推进浙江新发展的思考与实践》，中共中央党校出版社 2006 年版，第 475 页。

目　　录

从小县到"明星县" …………………………………… （1）
　"西畴精神"产生的必然性和必要性 ………………… （2）
　"西畴精神"成为小县"人造优势" …………………… （3）
　小县耕耘红色资源的经验密码 ………………………… （6）
　"西畴精神"带来的效应 ………………………………… （8）

小县之困 ……………………………………………… （11）
　困在地理位置 …………………………………………… （11）
　困在自然资源 …………………………………………… （13）
　困在后发时机 …………………………………………… （17）
　困在观念意识 …………………………………………… （20）

常规探寻与遗产 ……………………………………… （25）
　农村合作社道路探寻 …………………………………… （25）
　基础设施建设的初步探寻 ……………………………… （29）
　党组织力量的扎根 ……………………………………… （33）

小县精神 ……………………………………………… （37）
　"炸石造地"孕育地方精神 ……………………………… （37）
　精神的唤醒功能 ………………………………………… （40）
　精神的团结功能 ………………………………………… （42）
　博物馆作为精神传播的载体 …………………………… （45）
　"西畴精神"的人格化 …………………………………… （49）

国家在场与地方能动 ………………………………………（52）
    农田水利建设与"造地"运动 ……………………………（52）
    从"村村通"到"村村动" …………………………………（56）
    "易地扶贫搬迁"与"搬家不如搬石头" …………………（60）
    生态文明建设与石漠化治理 ………………………………（66）
    脱贫攻坚的县域实践与创新 ………………………………（70）
    乡村振兴与产业发展 ………………………………………（74）
    沪滇项目 ……………………………………………………（79）
    爱国卫生运动与乡村卫生环境现代化 ……………………（84）

持续之能 ………………………………………………………（88）
    持续鼓舞的精神动力 ………………………………………（88）
    县域层面条块联合的观察 …………………………………（90）
    县乡有效衔接 ………………………………………………（94）
    乡村能动性 …………………………………………………（99）

小县之坎 ……………………………………………………（107）
    变化情境中的精神传承 …………………………………（107）
    村落老龄化与村干部接班 ………………………………（112）
    留守儿童的关爱服务路径探索 …………………………（118）
    小县要办大教育，穷县难办富教育 ……………………（121）
    石漠化山区水电供应的瓶颈 ……………………………（124）
    后"厕所革命时代"的挑战 ……………………………（127）
    打通农村客运的"最后一公里" ………………………（131）
    "等才是办法"？
        ——不可挫伤的能动资源 ……………………………（132）

小县能人 ……………………………………………………（136）
    基层正式精英 ……………………………………………（137）
    基层半正式精英 …………………………………………（142）
    基层非正式精英 …………………………………………（145）

"当家"的女人 …………………………………………………（149）

访谈录 ……………………………………………………（155）
    郑清宽："西畴精神"是这样产生的 ……………………（156）
    刘登荣：点燃"西畴精神"的星星之火 …………………（159）
    谢成芬：坚毅卓绝的女当家 ………………………………（164）
    李华明：在悬崖峭壁处逢生 ………………………………（168）
    刘超仁：老党员开辟的致富路 ……………………………（172）
    程敦儒：逐梦绿水青山的草药人 …………………………（178）
    高兴龙：基层科技"土专家" ……………………………（184）
    张贵相：一辈子和土地打交道的劳作者 …………………（188）

参考文献 …………………………………………………（193）

从小县到"明星县"

20世纪90年代初,紧邻老山前线的云南省西畴县,尚未从对越自卫反击参战中恢复,面对全县人民在温饱问题与生存极限上苦苦挣扎的困境,西畴县委县政府在"地无三尺平,滴水三分银"的恶劣环境之下,叫响了"苦熬不如苦干,搬家不如搬石头,等不是办法,干才有希望"的"西畴精神"。

"西畴精神"是地处西南边疆石漠化地区的西畴人民,在党的领导下战天斗地,深耕的"红色资源",成为自然资源禀赋"先天不足"的边疆民族地区宝贵的"人造优势"。在"西畴精神"的全面动员下,全县上下汉、壮、苗、瑶、彝、蒙古各族人民齐心协力,重建地方生态环境,并在脱贫攻坚,民族团结进步示范区建设,以及基层社会治理创新等方面取得突出成绩。"西畴精神"多次获得《人民日报》等央媒的报道肯定,并多次得到云南省委批示,在全省范围内掀起学习浪潮,2021年中宣部把"西畴精神"作为脱贫攻坚精神的生动实践编入《新征程面对面——理论热点面对面·2021》一书向全国推广。

"西畴精神"是红色资源在边疆民族地区开发利用的成功案例,耕耘经验具备可复制性,值得总结和提炼。2021—2022年,调研组多次深入西畴县,对不同时期提出、实践与发扬"西畴精神"的州委州政府、县委县政府领导、各党政部门负责人、乡镇及村落基层干部、典型人物,以及普通群众展开访谈与座谈,实地调研毛主席批示纪念碑、三光西畴石漠化展览馆等红色研学点进行调研。

调研组深入总结出小县成长为"明星县"的历史必然性与时代必要性,深刻分析"西畴精神"作为边疆民族地区化解危机的社会运动成功的逻辑经验，及其带来的效应。

"西畴精神"产生的必然性和必要性

中国共产党建党百年来，在边疆民族地区留下了宝贵的政治历史资源，记录着党领导各族群众反击外敌、进行解放战争，带领各族儿女谋幸福的光荣奋斗历程，以及丰富的适合当地各族人民的社会动员经验。这些蕴含着党的伟大思想的精神财富，是"西畴精神"产生的源泉。解决中国人民的温饱问题，是中华人民共和国成立后，党最强烈的愿望与目标之一。政党的使命与边疆民族地区人民的诉求高度契合，使"西畴精神"的产生具备了时代必要性。

党在边疆民族地区播撒的红色种子

20世纪50年代，西畴县壮族女县长侬惠莲带领全县人民在农村合作社建设中取得突出成绩。《中国农村的社会主义高潮》收录了该县东昇农业合作社克服困难，建设成功的案例，毛泽东亲自为其写下按语：

> 所谓混乱，没有别的原因，就是这样一个原因。得不到党的领导，当然就要混乱。领导一加上去，混乱就会立刻停止。[①]

毛泽东为西畴经验写下的批示，倾注了党中央对边疆地区各族群众的关切与肯定，是蕴含着无限力量的红色种子，在西畴贫瘠的土地上扎根，最终开出"西畴精神"之花。只有中国共产党才能将各族人民"组织起来"，才能激发各民族干部群众的主动性与积极性，才能够构筑起团结、和谐的社会主义新型民族关系，改变边疆民族地区落后的面貌，最终实现少数民族聚居地区的繁荣与稳定。因此，"西

[①] 中共中央办公厅编：《中共农村的社会主义高潮》（下），人民出版社1956年版，第1167页。

畴精神"的诞生不是偶然的,更不是孤立的地方案例,它是中国共产党对边疆民族地区社会再造的延续。

回应地方发展面临的多重困境

生态环境恶化、战后恢复困境和生存贫困引发的三重危机是催生"西畴精神"产生的直接动因。20世纪80年代,改革开放的春风拂过大江南北,但当时西畴县人民却仍处于吃饭难、生存难的困境之中。1985年,全县农民人均粮食占有量只有180.5千克。到1990年,全县处在温饱线以下的贫困人口仍占总人口的87.3%。缺粮、缺钱、缺水、缺电、缺路、缺燃料的"六缺"户普遍存在。食不果腹,房不遮雨的农户也占有相当比重。[①] 一些挣扎在贫困线上的农民甚至举家搬迁到外地,但因无法落户分地等问题,不得不重新返回西畴。

贫困挑战着人民的生存安全底线,直接关系到人民生活的根本需要和忧虑。如果西畴县委县、政府不能处理好这场生存危机,极有可能爆发县域群体性事件,甚至可能引发威胁边疆稳定和民族团结的社会冲突。

面对危机,县委县政府没有退缩回避,而是从党在西畴留下的经验宝库中寻找,将"思想重塑"作为西畴人民解决困难、化解危机的武器,以价值引领、榜样树立和带头实践,切实回应西畴人民对生存发展的渴望。通过"六大工程"——改土、治水、办电、通路、绿色与教育,解决民生问题,拉开战天斗地的序幕,历经30年的探索实践,促使"西畴精神"成为边疆民族落后地区新型的"以精神促发展"的发展模式。

"西畴精神"成为小县"人造优势"

通过"苦熬不如苦干,搬家不如搬石头,等不是办法,干才有

---

① 西畴县地方志编纂委员会编:《西畴县志(1989—2015)》,云南人民出版社2020年版,第38页。

希望"四句口号，西畴县委县政府将西畴人民的个体意识与地方共同意识统一起来，使干部群众充分认识到地方发展与生态环境修复的关系，协调了中央政策与地方落实的关系，破除了"等靠要"思想，激发了地方民众的主体能动性。理解"西畴精神"发生的逻辑，可为其他民族地区红色资源焕发新活力提供经验参考。"西畴精神"为小县解决了三个重要问题。

认清人与环境的关系

长期以来，"西畴精神"被塑造为一种地方自力更生、艰苦奋斗的政治典范，它在生态保护价值观、生态修复实践上的价值却未得到足够重视。"苦熬不如苦干，搬家不如搬石头"这两句表述，首先解决的是人民生计、地方发展与生态环境的问题。

石漠化被称为"地球癌症"，其主要成因是人为活动。[1] 1985年西畴县的森林总覆盖率仅为25.06%，人均耕地仅有0.78亩，人们在"石旮旯里刨饭吃"。造成石漠化的原因主要有三个。

一是从"大跃进"到"文化大革命"期间，大炼钢铁、兴办食堂、盲目扩大耕地等计划外的砍伐，消耗树木储蓄近百万立方米；二是民用薪炭材（柴）使用量巨大，消耗量高达93023立方米；三是人为处置不当造成的森林火灾、乱砍滥伐，以及未经科学设计造成的破坏性消耗也对生态环境造成了直接影响。[2]

从1990年起，通过"炸石造地""七年绿化西畴大地"等一系列工程，西畴人民彻底转变角色，建立起人与自然的良性互动，将"公地悲剧"转化为"公地福祉"。西畴人民创造出"六子登科"的生态治理模式，为山顶"戴帽子"（植树造林，封山育林），山腰"系带子"（发展林果经济），山脚"搭台子"（建保土、保水、保肥的"三保"台地），平地"铺毯子"（发展绿色农业，实施规模生产），入户"建池子"（建小水窖、沼气池），村庄"移位子"（进行易地扶贫搬迁），对"山、水、林、田、路、村"实施综合治理，多

---

[1] 柯水发等：《石漠化地区绿色发展模式研究》，光明日报出版社2020年版，第11页。
[2] 西畴县林业局编：《西畴县林业志（1786年—1997年）》，1999年，第38页。

角度对石漠化区域进行生态修复，构建出可供全世界治理石漠化借鉴的模式。

依托红色精神再生绿色资源，西畴大力发展林下经济、生态旅游，走向一条绿色发展的道路。2021年，生态环境部将西畴县列入全国"绿水青山就是金山银山"实践创新基地。各族群众自觉地将社会主义生态文明价值观与本民族的生态观念融合在一起，"绿水青山就是金山银山"的理念深入人心，成为生态脆弱的民族地区铸牢中华民族共同体意识工作的一个生动案例。

协调中央与地方的关系

"皇权不下县"是中国传统社会政治运转的重要特征。中国共产党历来重视中央与地方的关系，强调要充分发挥"两个积极性"。20世纪80—90年代，伴随社会主义市场经济体制改革的推进，中央与地方关系的复杂性不断增加，包括在具体政策领域，如何界定各级政府的责任，更需要不断探索。在边疆民族地区，由于涉及民族事宜与边疆安全，协调中央与地方关系面临更加复杂微妙的局面。

西畴经历过战争创伤，各族民众对国家的关怀和政策倾斜有着更深的期待，也因此滋生出"坐等扶持"的依赖思想，尤其是当生存危机爆发时，这种思想更为强烈。西畴县委县政府在这场思想危机中，及时协调，一方面充分研读中央精神，敏锐捕捉到国家对农田水利建设的方针政策变化，争取到国家财政资助的支持，获得炸石造地的启动资金；另一方面通过广泛宣传"等不是办法，干才有希望"的精神，将中央关于生态、农林业建设的相关精神落实到地方干部民众的生产活动中。由此，"西畴精神"充分协调了中央与地方的关系，促进了有效互动，拉近了国家与边疆民族地区的社会距离，构建起"扎根边疆、心向中央"的牢固意识。

唤醒人的内生动力

最成功的治贫疗法只能来自本身。① 西畴县乡干部一致认为"西

---

① ［美］塞缪尔·亨廷顿、劳伦斯·哈里森编：《文化的重要作用：价值观如何影响人类进步》，程克雄译，新华出版社2018年版，第57页。

畴精神"最大的成功之处在于彻底扭转了各族人民的思想观和行动观，促使整个基层社会内部转变了对社会风险、个人、集体投入与回报，以及对机会的看法，影响着人们对生产与社会活动原则的接纳和行为选择。"西畴精神"重塑了西畴人民的精神品质，将刻苦勤奋、共同奋斗、讲求实效融入了他们的血液中。村小组长、退休教师、退伍军人和农民企业家为代表的草根精英是最早被激发出活力的群体，他们通过苦干实干，带领群众改变村庄面貌，走向发家致富的道路。他们是搅动乡土社会的"水漂石"，画出一圈又一圈的同心圆，将"西畴精神"传导到各个角落，使西畴成为一个"能动"的县城。

小县耕耘红色资源的经验密码

价值观是地方社会整体发展的推动力，但价值观也具有不稳定性和多元化可能。"西畴精神"拥有长久与热烈的生命力，与其自身定位、推广策略和获得的上级支持密不可分。

定位准确

最初，"西畴精神"是作为工具性的价值观，为解决边疆民族地区面临的现实危机而出现的。县委县政府自发地定位了地方社会面对的根本矛盾，将各族人民共同面对的生存困境转变为共同的义利观，又定位了解决方案和实现方式，动员当地各族人民参与到改造土地、交通以及生态环境等公共基础设施的工程中来，形成公共行动。

在观念引领行动的实践过程中，地方社会发展面貌的改观确立了当地干部群众对"精神就是社会纽带，精神就是社会资本"的认同，自觉主动地加入到价值观的铸牢和传播中来。县委县政府在"西畴精神"内核和外在形式的定位上一再明确"西畴精神"不是个人精神，而是群像精神。这一定位，在西畴全县修复生态环境、改善生存条件时期，起到了巨大的激励和凝聚作用，使基层各族老百姓都获得了成为"西畴精神"缔造者、代言人的可能，从而积极参与到共同建设中，促使"西畴精神"获得最广泛的认可，铸成社会团结。

善用"法宝"

正是充分利用发挥了领袖批示、贴切口号和典型人物三个动员"法宝","西畴精神"才成为具有广泛群众基础,具有时空穿透力的时代精神。西畴县将毛泽东在1955年所著《按语》这一宝贵的政治财富,作为"西畴精神"起源的依据,使"西畴精神"在传播过程中具备了政治合法性和影响力,在传播初始就能获得正反馈。

口号动员是中国共产党进行社会动员的一个有效方式。毛泽东在《湖南运动考察报告》中就曾指出口号等方式是农村政治宣传普及的有效工具。① "西畴精神"的四句口号定位准确,回应了群众的价值期待,通俗易懂、贴切实际、朴实简练、接地气又朗朗上口,具备很强的记忆点和鼓舞力,在西畴上下形成跨越各民族、各社会阶层的影响力,起到连接干部群众的作用,促进当地的凝聚力,产生了持久的精神共鸣。

"西畴精神"还塑造了一批鲜活的典型人物形象,通过他们的故事、他们的倾诉,使他们化身为"西畴精神"的外在呈现。这些典型人物兼顾了民族、干部、妇女等不同社会群体,同时由具有草根精英的特质,使之成为能够感染人、打动人的实质性典型人物。西畴县对典型人物进行系统培训,并通过宣讲团的形式在县内外进行宣讲,使他们成为"西畴精神"的播种机。

上级支持

"西畴精神"的叫响还有赖于上级部门的重视。1995年云南省委省政府就借助召开扶贫开发工作会议的契机,号召全省上下学习"西畴精神"。2016年云南省委又做出"重读、重解、重用'西畴精神'"的重要批示。上级的批示为"西畴精神"的深耕和赓续注入了新的政治资源,对县乡干部的政治作风和业务表现具有重要的激励作用,提升了他们的政治觉悟和政治站位,促使他们将"西畴精神"的传承与传播作为一项政治使命,不断开拓创新。

---

① 毛泽东:《毛泽东选集》(第一卷),人民出版社1991年版,第35页。

"西畴精神"带来的效应

"西畴精神"是诞生于特定环境、特定历史时期的精神，是地方政府为应对危机，采取的运动式治理方案。但它并不只是昙花一现，而是作为一种文化力量存续下来，带来边疆地区意识形态的统一，形成社会长期有效整合的正效应。"西畴精神"还升华为中国精神的重要内容，在更广泛的层面形成感召力。

实现观念统一

精神与实践的互为统一，使"西畴精神"锻造为一种具有相对超然地位的卡理斯玛式权威，成为普通西畴干部群众生产生活实践的道德伦理基础，既指导人们的理性选择，更实现了重大问题上的观念统一，培育了深厚的家国情深，由此带来强大的凝聚力，促进民族团结、共同繁荣。

在和困难不断斗争的过程中，西畴各族人民团结一心，共建共享共发展，扎根边疆却心向中央，始终跟随着党的领导，在党的指引下不断丰富完善"西畴精神"的内涵，使"西畴精神"在新时代仍能焕发出蓬勃的生机。西畴人民还将民族文化中深厚的生态保护观念和现代化生态保护理念结合，对西畴的生态环境进行修复和改造，凝聚成宝贵的观念共识和行动基础，这不仅体现了习近平生态文明建设的核心理念，而且为完善生态文明制度体系化建设提供了边疆民族地区的范例和借鉴，为边疆地区筑牢中华民族共同体意识的实践写下了生动注脚。2019年，西畴县委荣获"全国民族团结进步模范集体"，西畴成为了"全国民族团结进步示范县"。

形成社会动员长效机制

承袭1954年党在西畴组织建立农村合作社的动员经验，"西畴精神"在近40年之后势如破竹，再次产生非凡的动员力。但社会动员既能在极端的时间内产生高度统一的力量，也常常要面对形式变化后

"兴奋感"的消退和动员力的减弱。也因此运动式治理模式常常要面对"阶段性"、"间歇性"表现的诟病。学术界普遍认为运动式治理必须转变为常态治理模式，才能形成社会治理的长效机制。但"西畴精神"的出现，创造了运动式治理的新可能。通过将"西畴精神"与国家新农村建设、脱贫攻坚、乡村振兴、民族团结示范区建设等国家工程、条块工程相结合，"西畴精神"形成了社会动员的长效机制，不但促进各项工程在西畴的落地深耕和推进，更激发了地方的自主创新力。促使基层各部门在国家工程的落地中，既贯彻国家意志又结合地方实际，创造出适合地方发展的创新项目。

"五分钱工程"的提出就是西畴群众创造力的具体体现。源于西畴的这个乡村人居环境整治创新是每个村子每人每天上交5分钱，每年共计18元，政府再按村小组人数分梯度进行补助，村小组则利用群众自筹和政府奖补这两部分资金聘请村内建档立卡户或经济发展能力较弱的农户家庭成员作为保洁员，打扫村庄卫生，既保障了村内人居环境的干净和卫生，也为贫困家庭提供了一部分收入来源。在创新力和自主性的加持下，西畴县在脱贫攻坚战役中取得了重大胜利，也成为了民族团结示范区和生态文明建设示范区。

产生溢出效应

"西畴精神"不仅承担着县域范围内的社会动员功能，更成为文山壮族苗族自治州，乃至云南省的一张红色名片，发挥着更大的社会影响力。首先，"西畴精神"带来的民族团结效应从县衍生至州，2021年，文山州被国家民委正式命名为"全国民族团结进步示范州"。其次，西畴县建成"三光西畴石漠化展览馆"，使之成为红色文化教育基地，在一定范围内引发反响，吸引着省内外政府机关和事业单位组团进行考察学习。再有，"西畴精神"宣讲团也成为了流动的宣传站，不断走进省内外高校和企事业单位讲述西畴故事，传播"西畴精神"。最后，"西畴精神"不仅为资源禀赋薄弱的西畴创造了丰厚的政治资源，也给西畴带来新的发展机遇。调研组在西畴时，曾接触到多家因"西畴精神"慕名而来的文旅企业。他们期望能够充分发挥好"西畴精神"这张红色名片的优势，加入当地文旅产业的开发中来。

  调研组也发现，国家在场与地方精神赋予了这个"明星县"持续之能，但与此同时，在"爬坡过坎"的过程中，西畴也面临着绕不开的现实困境，本书的第六部分，尝试呈现了这些挑战与困难，也期待能继续深度观察这个"明星县"积蓄力量，通过创新实践，迈过沟沟坎坎，走向同步现代化。

（执笔人：陈　雪）

小县之困

西畴历史悠久，距今四五万年前就有人类智人发展时期的晚期智人"西畴人"在县境内活动。最早可追溯于汉武帝建元元年（公元前140年），西畴归入政区，时为牂牁郡都梦县地。随着朝代更迭，时有废置，直至中华民国9年（1920年），才从马关县析置设正县名西畴。1987年国家地理政治区域划分改革后，西畴县的县域划分最终确定，隶属于文山壮族苗族自治州，成为滇东南边陲，位置接近中越边境的要塞小城。

虽然如今的西畴早已走上快速发展道路，也总结出一套属于自己的发展经验，但很长一段时间内，这座小城都受困于自然地理因素和历史因素，发展滞缓，人民生活艰难，囿于穷困的社会环境中，寻求不到解决方法。西畴县发展之困，究竟困在何处？国内学者刘少杰在总结前人理论的基础上提出，区域发展的社会基础包括基层社会中的"社会资本、文化资本、人力资本、民间资本、社会群体、社会活力、社会心态、生活水准、社会保障和社会秩序等方面"。基于该理念，笔者将在本章从地理位置、自然资源、发展时机和观念意识对西畴县的发展困境进行分析，将西畴县的全貌铺陈开来，让读者对实现跨越式发展之前落后、发展困难的西畴县有初步了解。

困在地理位置

西畴县总面积1506平方千米（225.9万亩），东西长63.6千米，南北宽59千米，居住着汉、壮、苗、彝、瑶、蒙古等十余个民族。

县境内山峰纵横，群峦逶迤，山岭皆属云岭山系余脉中六诏山脉南延部分，石山峰丛地区占总面积75.4%，土山地区占总面积24.6%，是典型的山区。受限于地理位置，西畴县曾是一个集"革命老区、民族地区、边疆地区、贫困地区、石漠化山区、原战区"于一体的国家扶贫开发重点县。"七沟八梁一面坡，天晴一身土，雨下一身泥"是当初西畴生存环境的真实写照，恶劣的自然环境和落后的交通条件极大地限制了西畴当地人的生产力和发展可能性。前人学者对西畴县石漠化历史进行过深刻描写，学者曾光赢、朱法飞等都曾提到过："20世纪80年代，澳大利亚地质专家在考察西畴石漠化情况后说道：'西畴县相当地区是基本失去人类生存条件的地方。'"朱法正则指出："西畴是石的天、石的地、石的路、石的王国，换言之就是'七分石头三分地，缺土缺水又缺地'。"韩斌、凌经球两位研究者则说："云南省文山壮族苗族自治州西畴县是全国石漠化程度最严重的地区之一，裸露半裸露的喀斯特山区占75.4%。"西畴县的地理位置之困，困在三个方面：低下性、单一性、落后性。

  首先，在地理位置困境下，西畴县发展受限于经济形态的低下性。深山区海拔相对较高，交通不便，信息不灵，远离经济中心区。地理位置上的偏远性与经济发展上的封闭性交织在一起，造成区域间技术、商品、资金等生产要素流动甚少，阻碍了与发达地区的经济协作与交往，使经济长期停留在自给自足、弱质性的慢增长水平上。在生产力水平很不发达的古代可利用的耕地面积较少，缺乏可适宜耕种的土地，西畴县的农业发展受限，只能小规模开垦，种植所得的粮食作物及经济作物也大多仅限于填饱自己的肚子，遑论依靠农业来发家致富。到20世纪90年代以前，西畴县1506平方千米的地域面积中岩溶面积仍占面积的75.4%，全县森林覆盖率仅为25%，人均耕地不足0.4亩，顽石累累，缺粮少水，漫山遍野的石头不仅让西畴山水满目荒凉，也为西畴人民带来了生存之痛和发展之忧，让长期生活在西畴的老百姓"看山愁，看水愁，看地愁"，长期饱受贫困煎熬。且因其接近国界线，西畴县曾在越南战争中成为主战场之一。自然地理条件的限制加上战争带来的人为破坏，使西畴县长期陷于发展困境中。

其次，西畴县发展受限于交通运输的单一性。西畴县地形复杂，居住分散，经济交往和要素流动范围狭小。无论是公路还是铁路，山区的平均水平都较低，加上山区交通线路比较单一，不能形成发达的交通网络，又使许多地方成为交通盲点，交通的不便，直接影响着资源、信息等要素的流动，因而制约着西畴县经济的发展。在中华人民共和国成立和改革开放以后，中国东部沿海地区和中部部分地区都逐渐迎来飞速发展的时期，在国家各项政策的支持和指引下基本找到适合本地区的发展路线。但像西畴县这样的边境山区，远离政治、经济、文化中心，通信交通皆不发达，政策下达并真正落实往往滞后于其他地区。

最后，西畴县的发展受限于基础设施的落后性。长期以来，西畴县因地远位偏，且受自然和历史的双重影响，自然条件和经济条件较差，基础设施建设难以开展。西畴县自然条件差，经济发展缓慢，缺钱、缺地，极大地制约了科技、文化、交通、教育和卫生等基础设施的建设。由于地处山区，且远离省内经济政治中心、国内经济政治中心，没有便捷的交通，没有可观的发展前景，没有广阔的土地去搭建大型基建，没有专业的技术人员前来指导精细的工程，基础设施建设的需求难以得到满足。长此以往，西畴县逐渐成为发展困难、贫困现象突出的落后县。

可以说，西畴县作为典型的山区县，从自然地理位置来看缺乏产业发展的条件，从政治地理位置的角度来看远离政治中心，区位条件较差，发展要素贫乏——深山区的耕地面积少而贫瘠，加上交通不便、基础设施差、抵御自然灾害的能力差等，缺乏经济发展所必需的要素；这才使西畴县陷入发展困境。

困在自然资源

西畴之困，还困于自然资源。除却自然地理条件的限制，县域内自然资源的缺乏也是西畴县难以快速发展的主要原因之一。西畴县发展"困"于自然资源，主要表现为水资源利用率低和土地资源缺少。

水资源之困

在水资源方面，大江大河的存在是天然的运输通道，水运虽然速度缓慢，但贵在运量巨大，成本较低，如果能够形成水路网或者码头等节点，城市的发展会更加迅速。并且，水是生命之源，大江大河的存在也能够满足城市发展的用水所需。而西畴县内面临的主要是洪涝灾害频发和地表水缺乏的问题。西畴县属于亚热带低纬山地季风气候区，受季风环流和干湿气流的影响，干、雨季分明，时空分布不均，常造成冬春干旱，夏秋洪涝。局部性的洪涝灾害几乎年年发生。历史上，多年山洪暴发造成人畜伤亡及房屋财产损失，有文字记录的水患就有数起。比如据县志记载①，1986年7月23—25日，县境共降雨196.9毫米，"县城8条街道32个单位被水淹，西畴一中、县医院等单位及新风街少部分土木结构住房倒塌，全县房屋被水淹倒塌314户。鸡街水电站、瓦厂水电站沟渠被冲垮。畴阳河、坝达河两岸农田被冲刷，全县农田成灾3.6万亩，损失产量950万公斤。总计全县损失达684万元……这是西畴史上最大的一次洪涝灾害"。此外，洪涝灾害的频繁发生也与耕地面积不足，人们毁林开荒导致河流流量变化大有关。另外，县内还存在地表水缺乏问题。在1506平方千米的集水面积之上，全县年降雨总量19.03亿立方米，渗漏、蒸发、植物吸收的水量有11.34亿立方米，由于喀斯特地貌广布，地表水缺乏，目前在部分地区还存在水源体系不完备、供水结构不完善等问题。比如老黑箐村庄的用水主要依靠收集雨水解决，为了确保村庄的用水，政府曾提供技术支持和人才支持，但由于水压不足，村中目前暂时无法使用统一的自来水。水压不足，还使县内村庄面临诸多困难，比如发电提水费用高昂，"厕所革命"因为缺乏水大多数新建厕所成为旱厕。此外，西畴县境内无大的湖泊，只有少量天然水塘和水库。300个季节性水淹凹塘，排蓄不易，不能有效利用。地表水的缺乏，使人们面临着生产用水不足、生活用水不够、人畜饮水困难等问题，人们

---

① 西畴县地方志编纂委员会主编：《西畴县志（1989—2015）》，云南人民出版社2020年版，第79页。

需要天不亮就起床，到取水点取水（一般是泉眼或水井），而这些取水点在旱季经常会断水，这时人们只能舀黄泥巴水用。

土地资源之困

就土地资源而言，西畴县土地资源稀缺，石漠化问题突出。在1506平方千米的全县国土面积中，有64万亩土地存在不同程度的石漠化，23万亩有潜在石漠化倾向。这主要与县内喀斯特地貌广布、地势起伏大、降水不均匀有关。据县志记载，西畴县"境内主要为岩溶峰丛溶蚀洼地地形、侵蚀中山峡谷地形和侵蚀中低山地形三类"[①]。全县属于典型的高原喀斯特地貌，以岩溶峰丛溶蚀洼地为主的喀斯特地貌面积达1135平方千米，占全县国土面积的75.4%[②]。喀斯特地貌广布、地表水渗漏严重的地理基础加上东南高、西北低，相对高差1000米以上的山地复杂地形，配合山地季风气候下受季风环流和干湿气流交替控制形成的干雨季，使西畴县石漠化问题尤为突出。

石漠化问题突出，还伴随着耕地面积不足的问题。作为全国石漠化最严重的地区，西畴县水土流失严重，作物种植难度大。因此，生态环境成为限制西畴县发展最重要的因素，据1958年的遥感图像反馈的森林资源显示，西畴全县森林总覆盖率（有林地加灌丛覆盖率）为60.2%。其水土流失和石漠化具有历史、战争和地理的多重原因[③]。《西畴县林业志》记载了1963年的森林资源消耗情况：计划外采伐面积34365公顷，蓄积989880立方米，其中大炼钢铁采伐613.56公顷，大办食堂采伐2460公顷，民用材采伐3652公顷，大修水利采伐1377公顷，扩大耕地采伐25208公顷。全县的森林总覆盖率也由此下降到了1963年森林资源清查所显示的37.01%[④]。也给西畴县的生态环境烙上了一块伤疤。此外，90年代以前，西畴县农

---

① 西畴县地方志编纂委员会主编：《西畴县志（1989—2015）》，云南人民出版社2020年版，第66页。
② 沈杉：《云南省文山州石漠化问题研究》，硕士学位论文，云南财经大学，2014年。
③ 西畴县林业局：《西畴县林业志》，西畴县林业局，第39页。
④ 西畴县林业局：《西畴县林业志》，西畴县林业局，第39页。

民群众主要以灌木和杂草作为生活燃料，1985年民用材消耗中的薪炭材（柴）占全县森林资源总消耗量的86%[①]，全县群众烧柴的问题使山林毁坏进一步加剧。森林资源清查的数据显示，1975年，全县森林总覆盖率下降至27.46%；1985年，无林地（包括荒山荒地、火烧迹地、采伐迹地）达到31974亩，占土地总面积的21.23%，森林总覆盖率下降为目前可知的历史最低点——25.24%[②]。由于其本身喀斯特地貌的特殊性，一旦生态遭到破坏将很难恢复，石漠化也会加剧。当地耕地零星分布，土层瘦薄，被称为"跑土、跑水、跑肥"的"三跑地"，西畴县以前流传的民谣"满山石头实在多，出门抬腿就爬坡。只见石头不见土，玉米长在石窝窝。春种一面大山坡，秋收一把小箩箩"也形象地描绘了当地人民生产面临的问题。幸而，后来通过炸石造地运动、"六四二一"工程、"六子登科"、"三保台地"建设等措施一定程度上改善了人民的生活。

随着西畴县人民的不断探索，西畴逐步找到了适宜的发展路线，在缓解了水、土两资源缺乏限制发展的情况下，保护森林资源与矿产资源的需要与发展经济之间成为主要矛盾。

矿产资源之困

就矿产资源而言，西畴县境内矿藏主要有铝、锑、铅锌、铁、锰、锌、铜、镍、钨、汞、金、水晶石、冰洲石、大理石等。[③]但大部分矿点基本只进行过区域普查，可开采利用程度差。据县志显示，西畴县矿产资源从清朝开始就有开采，历史悠久，但是因为资金、技术、生态、经济等因素的限制，发展缓慢，"全县除莲花塘乡小锡板锑矿有正规D级储量勘探报告和董马乡芹菜塘地区铝土矿有正规地质报告可为正规开采提供依据外，其余矿点只能作为群众开采和乡镇

[①] 西畴县林业局：《西畴县林业志》，西畴县林业局，第46页。

[②] 西畴县林业局：《西畴县林业志》，西畴县林业局，第43页。

[③] 在云南人民出版社2020年出版的《西畴县志（1989—2015）》第92页中，显示的是"西畴县的主要矿藏为'铝、锑、铅锌、铁、锰、锌、铜、镍、钨、汞、金、水晶石、冰洲石、大理石、煤等'"，这也是本文最初的引用文献。但在将文本交由西畴县党政部门进行初审时，据西畴县自然资源局反映，该县的矿产资源发生了变化，故做出调整，删去了"煤"。

企业集体开采，边采边探"①。这就使西畴县面临着对有些资源"发现认识了的又无力开发"之困境。此外，当前矿产资源在一定程度上存在资源枯竭问题，如何转变经济发展模式、进行产业升级也是亟待解决的问题。

在西畴县探索发展的几十年中，受自然资源的限制，西畴县尝试通过改变自然环境，治理石漠化土地，创造绿色森林来谋求发展，但如何将资源整合好，如何将资源利用好，如何将资源转化为优势，如何将资源变现依旧使西畴陷于困境。

困在后发时机

由于地理位置的特殊性，西畴县算得上是云南重要的军事战略基地。在参与的四大战争中，为了捍卫国家主权与领土完整，西畴县倾尽全县之力，取得了硕硕战果。然而，为战争做出的牺牲使西畴县的发展受到极大阻碍，在石漠化问题严重、山区面积占比较大等先天自然条件较差的基础上又加剧了西畴县发展的困难，使西畴县成为一个"后发县"。

战争之苦

回顾西畴的20世纪的历史，我们可以发现，西畴县人民参与的战争主要有抗日战争、解放战争、抗美援朝战争、对越自卫反击战。以抗日战争为例，自1937年抗日战争全面爆发，文山成为大后方的御敌前沿之际，西畴县同文山州其他县市一样，迅速成立了抗敌后援会，筹备物资，支援战争，各社会主体都贡献出自己的一份力量。比如，在各村层面，成立了民众自卫预备大队，训练境内兵员并处理民防事务，做好底层防御；在学校师生层面，设立野外勤务、射击教范等军训项目，培养学生的爱国热情；在普通民众层面，纷纷张贴标语

---

① 西畴县地方志编纂委员会主编：《西畴县志（1989—2015）》，云南人民出版社2020年版，第92页。

以表明抗日决心。西畴县当时的抗战活动是与整个文山州抗战活动紧密联系在一起的，比如在文山州档案局中就记载着，"旆勉、杜启贤、林开武在分别就任文山、丘北和西畴县民众自卫预备大队长期间，组训壮丁，维护治安，作用颇大。各县区除了成立民众自卫预备大队之外，还增设了若干自卫队，随时准备配合正规军抗击日军"[①]。此外，还有民间自发的募捐筹资活动和官方组织的民工建设。被组织的民工自带工具，投入修建机场和修建公路等工程中，保障了大后方交通线路通畅和物资运输问题。最后，不得不提的是当时承担军粮以保障战争供应之举措，当时西畴县粮食产量本来就低，为了保障军人先吃饱饭，当地群众"勒紧裤腰带过日子"，在征集军粮过程中，许多人因饥饿而死亡。在对越自卫反击战中，西畴县仍然贡献了大量人力物力，据县志记载，"全县有1400多人参加战前物资的组织调运和供应，组织民兵3649人、1179匹骡马配合部队参加收复老山、者阴山等大小战争"[②]。

  战争对资源的消耗极高，这一方面加剧了西畴县的贫困，另一方面也阻碍了战后西畴县的恢复和发展。依据县志记载，粮食方面，"抗日战争时期，仅1941—1943年，西畴县用于军供的委购差额军粮就有196万公斤。对越自卫反击作战中，1979—1983年共565万公斤"。加上西畴县石漠化严重粮食产量低，战后也根本不能满足群众基本生活需要；森林资源方面，战前西畴县算得上是一个森林资源丰富县，但是在抗日战争中，由于要修筑战地工事，砍伐毁损了大量森林。加上50年代末全县大炼钢铁消耗了许多林木，西畴县森林覆盖率急剧减少，一定程度上加剧了水土流失，洪涝灾害出现的概率也大大增加。加剧了后续生态修复的难度；人口方面，在抗日战争、解放战争、抗美援朝战争、对越自卫反击战中牺牲的，仅有统计的记录在册的人员就有210人。劳动力也受到一定影响，据县志记载，"至1988年止，全县享受烈士光荣称号的148人。其中：解放战争牺牲的62人，抗美援朝战争牺牲的24人，中越边境剿匪战斗中牺牲的5

---

① 陈志文：《文山人民在抗日战争中的贡献》，《云南档案》2015年第6期。
② 西畴县地方志编纂委员会主编：《西畴县志（1989—2015）》，云南人民出版社2020年版，第32页。

人，对越自卫反击作战牺牲的10人，其他牺牲的47人"①。此外，战争还破坏了西畴县的公路、房屋等基础设施，西畴县的基建百废待兴。

发展时机滞后

到了1992年，全县工作重心基本由战争转移到县域建设和经济发展上，但战争带来的守卫疆土的荣耀和民族团结意识的增强并不能抵消战争——战争让西畴县陷入疮痍满目、发展滞后的困境，且增添了诸多贫困的人口；而此时的西畴县相较于全国其他地区，发展时间已经晚了十四年。

由于山区面积本身就比较广大，石漠化问题严重，再加上战争对西畴县的全方位冲击，到1990年，全县仍然有87.3%的人口处于温饱线下，缺粮、缺钱、缺水、缺电、缺路、缺燃料的"六缺户"普遍存在，"山大石头多，出门就爬坡，春种一磨眼，秋收一小箩，姑娘十七八岁往外跑，小伙子三十多岁没老婆"，这首在当地流传的民谣，成为西畴县当时群众生活最真实的写照。

缺失了最佳发展时机，难以跟上全国各地的前进步伐，西畴县除了面临人口不足和粮食短缺的问题，还要应对基础设施建设不足的困境。首先是交通出行方面，由于山高坡陡的自然因素和人口分布稀疏松散的社会因素，西畴县建设、普及公路十分困难。据县志记载，"1956年前西畴县境内没有公路，仅靠一些古道供邮传和商贾行人往来。运输全凭人挑、马驮，交通十分困难，大大制约了西畴经济和文化发展"②。有的人家生活在悬崖峭壁之上，有的村庄一村就几户人家，这样的社会现实摆在面前，是不可能纯靠政府实现公路村村通的，这也为村民们自发修路埋下了伏笔。事实上，直到今日，由于村民分布较为分散，西畴县各村之间只能依靠农村客运，仍然不太方便。除了交通出行，还有农村用水方面的问题。喀斯特地貌区地表水

---

① 西畴县地方志编纂委员会主编：《西畴县志（1989—2015）》，云南人民出版社2020年版，第606页。

② 云南省西畴县志编纂委员会主编：《西畴县志（1911—1988）》光盘版，云南人民出版社2012年版，第216页。

缺乏，降水多转为地下径流，农民用水十分不方便。大部分农民必须步行到几千米甚至数十千米外的水井、泉眼处取水。

在历史惯性作用下，西畴县后发之困一直延续，从"缺粮、缺钱、缺水、缺电、缺路、缺燃料"转向产业发展方面。一方面，尽管县内铝土矿等金属矿产丰富，作为"两山实践创新基地"，西畴县的矿场开采有严格的数量和规模限制；另一方面，在转变经济发展方向调整产业这条路上，由于大部分项目前期投资大、回报周期长，且西畴县还处于过河摸索阶段，并没有明晰的目标方向，这部分产业发展也较为缓慢，比如西畴县的电子商务，目前处于起步阶段。此外，后发之困还体现在教育方面。承接西畴县县内粮食产量低，务农收益小的历史因素和贫困县的历史定位，大多数年轻人选择外出务工，西畴县也成为云南省劳务输出第一大县。年轻人外出务工就很容易造成留守儿童问题。滞于县内的留守儿童由于缺乏父母管教，容易产生厌学心理，常常选择辍学打工，早婚早育，容易造成贫困的代际传递。

作为一个后发之县，西畴存在着自然环境恶劣、基础设施落后、资本积累不足等贫困地区普遍具有的劣势条件，甚至一度陷入"人口增长—资源缺乏—毁林开荒—生态破坏—资源短缺"这样的恶性循环。在战争损耗、自然条件恶劣、远离政治经济中心地……这些不可忽视的背景因素影响下，未抓住全国经济快速发展的大好时机，也使西畴县长久落后于其他地区的发展。

困在观念意识

在区位较差，资源欠缺，发展时机滞后的影响下，西畴县人民群众思想观念的落后也成为限制西畴县发展的主要因素。思想观念的更新对经济发展起关键作用，而在相对封闭的内陆环境中所形成的思想观念、思维方式、管理模式，难免束缚自己的头脑和手脚，致使改革开放以来许多发展良机未曾被很好地利用。西畴县经济发展之所以相对缓慢，与很多西畴民众思想观念存在问题息息相关。

美国社会学家詹姆斯·C. 斯科特在《农民的道义经济学 东南亚

的反叛与生存》一书中用"生存伦理"来阐释前现代社会中农民行为，认为在"安全第一"的生存伦理下，以家庭为生产和消费单位的农民追求的不是发展需求或利益的最大化，而是生存保障的最大化，特别在前现代社会中，贫困和饥荒是掐断农民生存命脉的强有力武器。如遇天灾，农民首要考虑如何生存，而非变更生计方式除去穷根。在长时间处于生存难以保障的情形下，农民很难被说服和打动，不愿意为寻求外部就业机会而背负降低整个家庭生存可能性的负担①。20世纪的中国，经济尚未腾飞，"三农"问题一直是国家待解决的重大问题。西畴作为一个农业县，亦是受此困扰，这种观念也使西畴县发展缺乏精神动力。

传统观念之困

在民国及以前，我国实行土地封建私有制。由于阶级压迫和剥削，土地的买卖兼并与日俱增，大部分土地沦为地主、富农所有，广大农民则少地或无地。西畴县封建地主也和其他地区一样，靠剥削农民来获利。在长久的压迫之下，西畴人民也习惯于这样穷困的生活，始终秉持着得过且过的想法度日。

特别在20世纪50年代至80年代，由于历史、战争、地理环境等原因，西畴生态环境遭到严重破坏，自然环境极端恶劣。农民靠天吃饭，收成难测。在地理资源和生态环境的制约下，大部分西畴人民高度依赖土地，思想保守，安土重迁，有着"世代定居是常态，迁移是变态"的观念。比如，在20世纪80年代，被称为"口袋村"的木者村原有几十户人家住在山旮旯儿里，终年贫瘠的土地和满山的乱石让全村村民只能忍饥挨饿，女人盼望着出嫁到外地，男人也希望"倒插门"到别家，一到春节就断粮断水，只能背着口袋到别村借粮果腹。那时，村里掀起了一股搬家热潮，几户人家搬到别村，却又因土地制度、社会排斥等各方面的原因被遣返木者村。这是木者村村民为了生存的第一次尝试，可搬家的法子行不通，全村只能继续倚仗着

---

① [美] 詹姆斯·C. 斯科特：《农民的道义经济学 东南亚的反叛与生存》，程立显、刘建等译，译林出版社2013年版。

一亩三分地过活，遇到饥荒只能靠借粮度日。西畴县委、县政府决定以木者村为试点，开展炸石造地运动，向石头要地，向石头要粮，解决农民土地和吃饭难题。村支书刘登荣立即在木者村小组召开群众大会，可会上却遭到大多数群众反对，他们认为祖祖辈辈都生活在这儿，用炸药炸出土地，这个法子没人试过，也没这先例，不该拿这仅存的土地开玩笑，况且温饱都没着落，炸石运动又耗时耗力，是否成功也说不定，没有必要耗费时间去尝试。由此可知，在当时的情境下，西畴县大多数群众的意识都囿于传统的观念，只想靠土地勉强维持生存，基本没人想到要改变生存环境。这种情况持续到刘登荣与党员干部带着群众到山上打响了炸石开路的第一炮，大家的意愿方才发生改变，开始参与到造地运动中。但一次的成功并不能完全改变群众的想法，祖祖辈辈存留下来的观念非一朝一夕就可更改，这也使不愿改变，只看现在不看未来的落后思想观念依旧影响着西畴人民。

　　在当时，经历了搬家失败后的农民更加重视生存，将土地与生存牢牢焊接在一起，所以在政府提出炸石造地的想法后，几乎全部农民都持反对意见，不愿再为其他有损土地的失败后果买单，这就是农民的生存理性。正如马克思所说，"在一些人口不多、只是随着世代的交替才发生变化的偏僻的村庄里，农民过着与世隔绝的生活，他们的劳动紧张而单调，比任何农奴制都更有力地把他们束缚在一小块土地上，而且代代相传，始终如此，他们的整个生活关系固定不变，千篇一律，他们的极其重要而有决定意义的社会关系仅仅限于家庭，这一切都使农民目光如豆，而一般说来，这种情况在现代社会中是可能的"①。过去，自然经济使人民患得患失，缺乏进取精神，一切为了生存，一切围绕生存。在自然资源匮乏、农村经济落后的西畴，与世隔绝的西畴人民世世代代"生于斯，长于斯，死于斯"，他们不愿意承担离开土地谋求出路的风险，拒绝一切不确定因素，形成了"养牛为种田，养猪为过年，养鸡为换盐"的保守观念。土地是西畴人民的命根，自然经济使西畴人民求稳怕变，形成了长期的

---

① 《马克思恩格斯全集》（第5卷），人民出版社1958年版，第549—571页。

"安全第一"的意识。贫穷始终是根源性问题，当土地问题得到解决，农民的生存得到保障，农民便有精力去衡量利益，谋求发展，积极适应农业现代化转型，脱贫增收。

闭塞的环境使与世隔绝的人们缺乏科学理论、文化、知识，缺乏长远目光、前瞻性思维和正确、科学、长远的发展观。梁漱溟指出，"当前乡村最大的病症是愚弊"。[①] 西畴县人民在过去很长一段时间内最难以克服的困难又何尝不是自身观念的落后？

落后的发展观念

由于东部地区较早地进行改革开放，东部地区群众和政治决策者的思想观念较内地开放，开放意识比西部强，能够较快地接受现代市场经济的新思想、新观念，易于接受新事物，切实依据本地区的实际情况进行制度调整与创新，努力改变地方政府的管理职能，这就为经济的迅速发展提供了前提。而落后的西部地区，由于历史上较封闭，受传统的自然经济和区位劣势影响，再加上改革开放的步伐远远落后于东部地区，使西部地区的决策者养成了"成绩不大年年有，四平八稳慢慢走，速度不快总在走"的求稳意识，甚至片面强调稳定，忽视经济发展，缺乏抓住机遇，争先发展的紧迫感、责任感，缺乏敢想、敢干，勇于创新，敢为天下先的探索和创新精神，缺乏商品观念和竞争意识。

西畴县在生存尚且困难的时候，群众的生活重心大多在于解决温饱，对教育和文化这样更高层次的追求，关注度就会降低。随着教育、科技、卫生事业的长期落后，大部分人口的受教育程度低下，人口素质得不到有效的提高，造成了群众普遍观念陈旧、思想禁锢，发展建设意识不强；吃得饱、穿得暖成为最高追求，很少有人会考虑改变生存条件，因而经济比较落后，贫困率相对较高。比如交通设施落后，生产要素不能引进，原材料和产品运输困难，又因邮电、文化事业的落后，就会使农户获得的信息量少，其经济行为盲目性极大，生

[①] 郭占锋：《基于文化社会学的梁漱溟乡村建设思想研究》，《广西社会科学》2014年第4期。

产、交换、消费行为得不到优化,生产和消费质量的提高受到双向制约,县域经济水平增长慢。由于思想观念的落后,之后环环相扣,导致西畴县的群众和政治决策者都长期处于安于现状的思想中,并未尝试改变,这也让西畴县在历史和现实因素的束缚之下失去改变的动力,陷入发展困境之中。

(执笔人:潘姝羽、高思蓉、鲁思妍)

常规探寻与遗产

生态环境恶化、战后恢复困境和生存贫困引发的三重危机，挑战着西畴人民的生存安全底线，直接关系到人民生活的根本需求和忧虑。

值得庆幸的是，陷于生存困境的西畴人民从未放弃过改变，从个人到群体，从意识到行动，像水中的涟漪，逐步扩大影响，逐步凝聚起各方力量。从中华人民共和国成立到改革开放，几代西畴人民矢志不渝地努力，谱写了曲折坎坷的奋斗史——其间，西畴人民对农业合作社的发展进行了探索，对基础设施的建设做出了努力，面对"大跃进"的挫败也不曾气馁，在曲折中前进，在挫折中思变，在摸索中总结经验，在发展的探寻中逐渐稳步向前。这个过程也为西畴人民积累下了丰厚的物质财富和精神财富，从思想上改变了西畴人民的认知，杜绝了"等靠要"的想法，为之后"西畴精神"的诞生进行了现实铺垫，打下坚实的基础。

农村合作社道路探寻

值得庆幸的是，现实和历史之困并没有成为西畴县不可逾越的阻碍。在困境之中，始终有星星之火在不断燃烧，希望能够改变西畴。虽然道阻且长，也出现过困难，也被挫败过，但在党组织的带领下，西畴人民并不言弃，在发展的探寻中逐渐稳步向前。

农业合作社的初探
20世纪50年代，全国大规模掀起的土地改革使劳动人民成为土地的主人。土改后，农民虽然获得土地等生产资料，但大牲畜、大农具仍感缺乏，劳动力紧张。为帮助广大农民克服生产中出现的种种困难，中共西畴县委和县人民政府宣传、引导农民组织互助组进行生产互助。1953年春，先在戈木村组织13户农户参加互助组，按自愿互利、等价交换原则，用人工还人工、人工抵还牛工等做法互相帮助，按时栽种和收获，效益显著。取得经验后，以点带面，迅速在全县推广。至当年冬季，全县临时性、季节性、常年性等不同形式的互助组共发展到1818个，参加农户9991户，占全县总农户的44.5%。

　　1954年初，中共西畴县委贯彻《中国共产党中央委员会关于发展农业生产合作社的决议》，在1月和7月召开县农业互助合作代表会议后，互助合作运动进入高潮。秋末，互助组发展到2814个，参加农户16914户，占总农户的74.9%。在组织互助组的高潮中，中共西畴县委又逐步引导农民组织起来，走共同富裕的道路。1953年底到1954年初，首先以河谷区戈木村的侬惠莲互助组、半山区鸡街乡高家寨的陆成林互助组、山区骆家塘村委会梅子箐村的邬在发互助组为基础建立了新生、星星、新建3个初级农业生产合作社。由于这3个试点县市显示出优越性，推动了全县办初级农业生产合作社的热潮。1955年秋，初级社已发展到410个，入社农户占全县总农户的50%。此后，这3社在生产中显示出许多优越性，为西畴县后续农村合作社的建立和发展起到示范吸引作用。

　　此间，也有少数社缺乏经验，经营管理曾一度出现混乱。耕牛等生产资料的缺乏成为西畴人面临各种栽种难题的最大限制，不想眼睁睁看着土地荒芜的二区戈木新生农业社社长侬惠莲挺身而出。这位率先带领群众成立互助组的普通农村妇女，也走在了农业社会主义改造——建立农村合作社的前沿。1953年初秋，侬惠莲互助组迎来了他们获得土地后的第一个丰收年。《云南日报》刊登了互助组的事迹，侬惠莲也被评为云南省的农业模范。由于新生互助组成果显著，周边村寨纷纷向其学习，争先成立互助组或合作社。1954年一年时间内，全县参加互助组农户已占总农户的85.6%。有常年互助组342个，季节互助组1455个，临时互助组1022个。西畴县内32个乡分两批建了74个初级农业社，参加农户共1744户。

其中，较为突出的例子便是炭西村成立的东升合作社。1955年5月30日，驻村干部杨应康将整顿过程写成了《一个混乱的合作社整顿好了》一文，云南省委《农村工作通报》上就刊登了这篇文章，介绍了云南省文山州西畴县兴街区戈木乡炭西村东升合作社怎样从混乱局面整顿好的事。这篇文章逐级上报到中央，成立合作社是国家的头等大事，在北京的毛泽东主席见到这篇报道后亲笔批示了307个字，批示中提到："有些合作社，在一个时期内，确实是混乱的，唯一的原因是得不到党的领导，党没有向群众讲明自己的政策和办法。所谓混乱，没有别的原因，就是这样一个原因。得不到党的领导，当然就要混乱，领导一加上去，混乱就会立刻停止。"此重要批示之后选编入了《中国农村的社会主义高潮》一书中，这也为"西畴精神"的诞生埋下了种子。

受到毛主席批示的鼓舞，西畴县委不仅加快建社步伐，还对已建社加强了领导。西畴县供销合作社联合社和西畴手工业联合社也在此期间相继成立，只是仍处于初级互助合作的状态。1956年秋，全县共有406个社，其中大社11个，中社22个，其余为小社，完成了全县的初级农业生产合作化。在互助组和初级农业生产合作社中，土地、耕畜、农具等生产资料仍是私有制。参加互助组的农户仍然自主经营，只是在生产劳动中有组织、有计划地实行劳力、畜力的互助换工，一切产品除规定完成国家公余粮任务外，都归农户所有。参加初级社的农户，除留少量自留地外，其余土地评产入社分红；社员参加集体生产劳动，评工记分，耕畜、大农具使用均评给户主工分，参加分配。合作社统一经营耕地和大宗副业，每年收获的产品，留足种子外，全部按土地四成、劳动工分六成的分成比例分配到户。社员分户按入社前"三定"时的规定，完成公余粮任务后，其余归自己所有。土地分红和按劳取酬、多劳多得，体现了半社会主义性质初级农业生产合作社的分配关系。

大力发展农业合作社

为了进一步推动西畴县的社会经济发展，1956年1月，中共西畴县委制定了《西畴县农业合作化发展规划》，要求在当年春季全县实现初级农业生产合作化，秋季实现高级农业生产合作化。决定在尚未合作化的25个乡建43个社，吸收1001个农户参加，在67个乡原有的406个社的基础上再吸收8464户，全县入社农户占总农户的89%，将未入社占11%的地富分批吸收。这样全县就实现了以土地入股，统一经营，大牲畜、大农具私有为特点的初级形式农业合作化。西畴县委还召开了县、区乡支部书记及建社干部会，贯彻中共文山地委县委会议精神，布置整党、整社工作。要求春季实现全县半社会主义的合作化向完全社会主义性质（取消土地报酬，农民私有的大牲畜、大农具折价归合作社集体所有）的合作化方向前进。

群众响应号召的速度也很迅速，仅半个月时间，西畴594户工商户就已经有247户组成了公私合营或合作商店。肃然西畴县合作社发展速度很快，但产生的问题也很快浮现，中共西畴县委针对农业社出现经营管理不善、生产活动不正常、有16.6%的社处于混乱状况问题的情况下，在1956年5月及时发出《开展农村整党、整团、整社的指示》，重点是整社。7月16日，农村整党、整团、整社工作在戈木、鸡街、骆家塘三个重点乡开展。随后又紧锣密鼓地开展合作社社会主义化改造，终于在同年12月结束了50个乡农业社的转、并社工作——全县计有125个高级社，其中民族联合社81个。50户以下的40社，100—200户的37社，200—300户的27社，300—400户的12社，400—600户的9社，占总农户的99.8%，基本实现了"完全社会主义性质的合作化"。但由于发展过快，组织贪大，管理跟不上，随之而来的问题也较多。

实行公社化后，取消社员自留地，除土地、牲畜、大农具等一切生产资料归公社所有外，对生产资料、劳力、生活资料也进行"一平二调"，无偿平调队与队之间的土地、劳力、耕牛、农具、资金、粮食和无偿占用私房等，导致"五风"的蔓延。1960年11月贯彻中共中央《关于农村人民公社当前政策问题的紧急指示信》；12月，贯彻中共中央《关于彻底纠正"五风"问题的指示》，在全县开展反"五风"运动。以纠正共产风为重点，带动对干部特殊风、瞎指挥风、强迫命令风、浮夸风的纠正。到1961年9月12日，全县（时含麻栗坡）共清理县级平调公社财产、现金和物资（折价）达311.44

万元。计：土地 5579.7 亩，房屋 5454 间，耕牛 816 头，骡马 951 匹，猪 3170 头，其他折价 42.64 万元。刹住了"五风"，实行了三级（公社、大队、生产队）所有，以队为基础。恢复了社员的自留地、饲料地（即自留地、饲料地各占耕地面积的 7%）。尊重民族习惯，分别划给苗族、壮族、瑶族少量麻塘地、棉花地、席草田、蓝靛地。逐步放宽了允许社员饲养牲畜，开展家庭副业以及开放自由市场等政策。1962 年起实行公社、生产队两级所有制。1967 年后，受"左"的错误干扰，大割"资本主义尾巴"，堵"资本主义道路"，自留地、饲料地、家庭副业又一度收归集体。到 1970 年才恢复三级所有制，1972 年后才恢复自留地、饲料地、家庭副业。

除此之外，高级农业生产合作化时期还取消了土地分红，实行"各尽所能，按劳分配"的社会主义原则。社员参加集体生产劳动，大农具使用集体的，小农具自备。绝大多数农活工种实行定额管理，按件、按时、按质、按量民主评记工分，使用每劳力一册工分本或发工分票、工分牌等多种计酬方式，建立健全各户工分账和集体财务等严格核算的会计制度，社员以劳动工日参加分配产品产量，并按货币计价决算。分配程序是先国家、后集体、再个人；应交售给国家的公余粮及农副土特产品任务也由集体统一负担、完成。

农业合作社道路的探寻是西畴人民团结在一起工作劳动、建设家乡的契机，这样的机会使西畴人民有意识地依靠集体的号召、动员集中力量办大事，也为后来西畴各族人民群众凝聚起来共同修筑道路、治理石漠化的行动做出了最初的铺垫。

基础设施建设的初步探寻

虽然很长一段时间内西畴县的发展都陷入滞缓，种种现实因素和自然因素的限制挫败了西畴人民探索发展之路的信心与积极性，但西畴人民却始终不放弃，在各个方面努力，尝试走出属于西畴的发展道路，这在西畴人民建设基础设施的奋斗史中表现得尤为明显。

如今作为西畴县的名片、帮西畴县打响了名号的"西畴精神"，诞生与发展的过程也是经过了长时间的探索，伴随着西畴县各项基础设施建设而逐渐诞生的。西畴各族人民群众通过参与基础设施建设，有人身先士卒，有人尽心尽力，但更多的是众人拾柴、团结一心，在建设中改造环境、发展经济，在一次次挑战中催生出属于西畴人民的"西畴精神"，也让众人看到了这个深山小县蕴含的无穷力量。

基础设施是为社会生产和居民生活提供公共服务的物质工程设施，是用于保证国家或地区社会经济活动正常进行的公共服务系统。按照规制的性质和内容可将其划分为经济性基础设施和社会性基础设施。经济性基础设施包括交通、能源、水利、物流和信息网络等；社会性基础设施包括教育、体育、文化、养老保险和医疗卫生等。基础设施的建设是经济社会发展的重要基础，特别是农村基础设施建设存在显著的发展不平衡问题，对农村经济发展起到一定阻滞作用。西畴县能取得如今的成绩，也离不开先辈们对基础设施建设付出的努力。

打通脱贫道路

交通基础设施建设是推动地区发展的首要建设对象之一。作为改善区位条件、增强市场通达度的重要措施之一，道路的连通可以减少本地区与其他地区的实际空间距离，打破地区间相对封闭、隔离的状态，增强地方获取资本、信息等资源的能力，推动地方成为发展先行者。以往闭塞的交通是制约西畴县发展、致富的最主要条件之一，经过几代人共同的努力奋斗，交通基础设施的建设不仅让西畴成为文山第一个实现道路通达的县城，也成为西畴县推动经济发展、助力脱贫攻坚的重要支撑，是促使"西畴精神"诞生的重要实践。

西畴县石漠化严重，是一个被称为"基本丧失人类生存条件的地方"，但它却改写了地方交通发展史，成为文山地区最早通公路的县城。西畴县最早时期的交通基础设施建设，在侬惠莲的带领下完成。在《中国第一个壮族女县长侬惠莲》一书中记述了当时西畴修路一事。彼时，侬惠莲担任西畴县副县长，外出学习让她萌发修路念头，虽然当时西畴的发展状况在一些人眼中尚不具备修路的条件和能力，但在侬惠莲的坚持和群众的响应下，1956 年 2 月，一条于山间蜿蜒的公路从西畴通往文山。西畴县成为文山率先修通公路的县城，地区迎来了发展，地方人民得到了便利。在西畴县榜样的作用下，交通基础设施建设瞬间在全县发起，各条希望之路纵横交错，村村寨寨走上脱贫之路。

水利建设

水利基础设施建设是农业发展的根基。无论是地区经济发展的起步阶段，抑或是维持地区可持续发展时期，水利基础设施都是基本保障。水是农业县发展的一大命脉，"夏天看水遍地流，冬天见水贵如油"，这是西畴人民形容西畴缺水编出的顺口溜。西畴大部分村寨地处岩溶山区，水土流失严重，旱涝灾害频发，干旱期间人畜饮水困难，水利发展十分缓慢。1950年后，农田水利建设兴起。1951年全县大旱，县委提出以抗旱救灾为中心工作，动员群众寻找水源，抗旱栽插。兴街区组成水利委员会，开始进行水利建设，领导改建岔河滚水坝，1954年，贯彻"以蓄为主，大力发展群众性小型水利"的方针，以及"普遍开展水土保持工作"的指示，全县兴修各种"吹糠见米"的小型水利工程近千件，并在造林、护林、制止刀耕火种、保持水土方面取得较好成效，被列为云南省的三个水土保持工作试点之一。1958年人民公社化后，水利建设被列为发展农业生产的主攻项目，由简易型转移到兴修较大的骨干工程，先后开工兴建江东水库、老胖箐水库、南昌水库、瓦厂大沟、长征大沟。全县70%的劳动力，在各级领导带领下，不论受益与否，发扬团结互助精神，自带工具，靠集体供给口粮，常年奋战在水利工地上。到1960年，许多工程尚未完工，因经济发生困难而中断。1961—1966年，全县经过调整落实各项政策，经济迅速恢复。水利建设在调整中继续贯彻蓄水为主、小型为主、群众自办为主的治水方针。1963年全县大旱，政府提出"天大旱，人大干"的口号，在石山区大搞砌石埂造台地。法斗隧洞工程坚持6年连续施工建成通水。兴街拦河闸建成供水。续修江东水库和老胖箐水库，使之发挥效益。1965年又动工建荒田水库和龙坪大沟。20世纪六七十年代，受大环境的影响，水利发展受干扰，后恢复建设，在多次大旱中发挥作用①。20世纪八九十年代的西畴水资源紧缺，县城供水仅靠胡广山脚下凿开的地下水，农村供水更为困难，人畜饮水无法得到基本保障。由于地下水受污染，西畴县在暴发大范围、大规模、长时间的伤寒病后，县委、县政府于1992年修建起净水处理池以改善水质。这些水利工程为西畴县各项事业的正常开展运行提供了重要保障，直至今日依旧发挥着功效。

多方位建设县域基础设施

医疗卫生基础设施建设是关系群众健康福祉的一大民生问题。西畴县在中华人民共和国成立前医疗仅西洒、兴街等地有中医生及中药店，民间大多以中草药施治，医疗发展缓慢，疫病不断流行。中华人民共和国成立后，人民政府在城镇乡村建医疗卫生网点，乡村医生医疗技术不断提高，人民就医条件日益改善。县人民医院建于1951年7月，称西畴县卫生院。1952年后，先后于兴街、董马、蚌谷、坪寨、鸡街、新马街、柏林、莲花塘、法斗等9个乡镇建立卫生所。西畴县坚持以"治病为中心"转向以"健康为中心"为发展理念，将健康融入所有的领域，进一步统筹全县卫生健康事业发展。

能源基础设施建设是将绿水青山发展为锦绣河山的重要基建工程。靠山吃山，靠水吃水，刀耕火种，荆棘开路，是绵延几千年的中国农业文明的常态。由于过去能源结构单一，西畴人民的生存紧紧依靠山林，"烧火靠柴禾，煮饭靠柴禾，取暖靠疙瘩"是广大西畴农村人民生活的真实写照。群众的生活必须得到保障，而山林却保不住，石漠化程度加深。

基础设施建设工作并非一劳永逸，需要随时代发展不断巩固、提升，对于传统基础设施，西畴县已经在县—乡—村三级实现全面巩固建设，满足人民的生存需求，但数字化时代背景下新型基础设施的建设在城乡间仍未平衡，"三农"问题的解决还需持续发力。但回顾整个建设历程，西畴县的群众都付出了巨大的努力，众志成城为西畴

---

① 云南省西畴县志编纂委员会主编：《西畴县志（1911—1988）》，云南人民出版社2020年版，第181页。

的基础设施建设和经济社会发展不断奋斗。

党组织力量的扎根

农民是一个分散的且外在于政治的社会群体。对于现代国家来说，将这部分人组织起来，将其整合到国家政治体系并成为政权的支持力量是重要的。中国能够成功地进行乡土政治整合得益于中国共产党党组织向乡村的延伸。学者徐勇认为共产党组织向农村延伸主要通过吸纳来自农民群众的"积极分子"来实现。[①]

党在西畴县的萌芽

在西畴县，中国共产党的踪迹在解放战争时便已有所显露。1948年，当时中共云南省工委介绍"军人民主同盟"成员彭大同到文山与中共地下党员岳世华联系后，即到西畴与张丕洪、蔡超（均为共产党员）等于新马街、锡板、坝尾、兴街等地开展秘密革命活动，并不断壮大组织，组成西畴独立大队。第二年，也就是中华人民共和国成立第一年，中共桂滇边党委指示将西畴独立大队扩编为滇东南护乡第三团，团长彭大同，政委董英，改中国共产党西畴县工作委员会为中国共产党西畴县委员会，董英任书记。县内各方面事务交接、处理有序后，1950年，中共西畴县委于西洒召开第一次农民代表会，出席代表400余人；会议贯彻中共文山地委党代会精神，在全县开展清匪反霸、减退、镇反运动。接下来的几年中，在党的带领下，西畴人民为发展建设家乡而做出了较大努力。1952年，西畴县根据《中华人民共和国土地改革法》在全县70个乡镇分两批进行土地改革运动。于1952年9月17日开始至1953年11月结束，历时一年又两个月。

彼时为防止投机分子入党，中共领导人对于在农村发展党员仍持

[①] 徐勇：《"政党下乡"：现代国家对乡土的整合》，《学术月刊》2007年第8期。

谨慎态度①。毛泽东曾表示："在老解放区，一般应停止在农村中吸收党员。在新解放区，在土地改革完成以前，一般地不应在农村发展党的组织，以免投机分子乘机混入党内。"②但是土地改革后，面对将农民组织起来的重要任务，仅仅依靠政权体系的少数人组织农民是远远不够的。与此同时发展农村党员就是必需的③。

党组织力量的扎根

1952年底，西畴县全县土地改革工作结束以后，发展农村党员、建立基层党组织、壮大农村党员队伍，成为中共西畴县委巩固地方政权、恢复地方秩序，发展地方经济的破解需要④。此后，中共西畴县委持续推进农业合作化运动，于1954年先后在二区、三区、一区重点试办新生、星星、新建3个初级形式农业生产合作社。1955年，西畴县有27个乡基本实现初级形式的农业合作化，农业、工业发展迅速，成效较好，得到了省市党组织的关注，于是逐级上报，毛泽东也对西畴县东升农业生产合作社的整社工作经验《一个混乱的合作社整顿好了》一文作了重要批示——有些合作社，在一个时期内，却是混乱的，唯一的原因是得不到党的领导，党没有向群众讲明自己的政策和办法。"我们知道办社是好事情。但是办起社来，县委、区委、支部都不管我们了。恐怕是嫌我们寨子穷，吃不好，住不好，才不到我们社里来。"所谓混乱，没有别的原因，就是这样一个原因。得不到党的领导，当然就要混乱。领导一加上去，混乱就会立刻停止。这一批示后被收入《中国农村的社会主义高潮》一书中，鼓舞了西畴各族人民掀起合作化运动高潮，成为党组织在西畴县扎根的重要转折和支柱。在此过程中，党组织也在全县各村扎下了根。截至1955年末，全县68个乡镇都建立了党支部，发展党员到1122名，为西畴党员群体补充了大量的农村积极分子⑤，并使西畴县取得了丰

---

① 徐勇：《"政党下乡"：现代国家对乡土的整合》，《学术月刊》2007年第8期。
② 《毛泽东选集》第5卷，人民出版社1977年版，第37页。
③ 徐勇：《"政党下乡"：现代国家对乡土的整合》，《学术月刊》2007年第8期。
④ 张邦兴：《中国第一个壮族女县长侬惠莲》，民族出版社2018年版，第78页。
⑤ 张邦兴：《中国第一个壮族女县长侬惠莲》，民族出版社2018年版。

硕的发展成果。

在这众多农民党员中，尤以侬惠莲最为突出。这个生长在农家园的壮族小姑娘在党的指引下领导农业合作社的建设并逐渐成长为西畴县县长，其是党组织的力量在乡村扎根的重要体现。以她为代表的老一辈党员带领群众发展生产、造地修路，使"西畴精神"在这一时期破土萌芽。侬惠莲开始只是一位农村互助组小组长，她把本村农户组织起来，解决了户与户之间劳动力与生产工具不匹配的问题。后来由于工作表现突出，被选为代表参加中国人民赴朝慰问团慰问中国人民志愿军。之后，侬惠莲带领的合作社也因为成效显著得到毛主席的批示；在毛主席对东升合作社进行了批示之后，侬惠莲响应党的号召，成为我党在西畴建政以后发展的第一批党员之一。她本着"为乡亲们带来便利生活"的初心，为了改变人挑马驮的交通落后状况，把她去北京路过的贵州公路34道弯的情况向领导班子作了介绍，并提出在西畴修建公路的想法。经领导班子认真分析研究，制定了具体方案，于1955年开始兴建公路，没用多长时间，这些工程便陆续竣工。伴着漫天尘土轰隆隆开进山里的汽车，为西畴带来了巨大的发展。

1980年12月侬惠莲退休，回到了养育她的家乡——达嘎村，退休之后的侬惠莲说："没有中国共产党就没有我的今天。现在我虽然退休了，但还要认真读书看报，学习党的方针政策，遵守党纪国法，尽力在晚年发挥自己的余热。"在物资极其匮乏的年代，侬惠莲以勤劳、朴实、开拓、奉献的品格和精神，在农业生产合作化运动和社会主义建设初期，展现了一位普通农村妇女走上领导岗位一心为民、敢于担当的价值取向，这些美好的品质也成为"西畴精神"的萌芽。

"西畴精神"的产生源于党在边疆地区播下了红色的种子，使当地人民能够在党的带领下有足够的底气直面生存环境的恶劣匮乏。历尽天华成此景，人间万事出艰辛；"西畴精神"不断激发着西畴人民物质与精神方面共同发展，在一定程度上汇聚成了西畴人民创造美好生活的行动自觉和动力源泉，成为西畴人刻进骨血里的红色基因。经过传承和创新，进入新时代的"西畴精神"日渐成为一个深植于西畴人民心中的执着信念，一种能够助推地方发展建设的红色资源；其蕴含的不仅仅是鼓舞人心的精神力量,更是"无名"小县逐步复苏的巨大能量。

在农业合作化运动中,面对艰巨的发展任务,党组织通过发展农民当中的积极分子来整合农村资源进行发展,既实现了国家政权从中央到地方的垂直贯通,也为地方发展提供了宝贵的红色资源。

(执笔人:潘姝羽、李文哲、鲁思妍、高思蓉)

小县精神

由20世纪90年代木者村的"炸石造地"实践孕育而生的"西畴精神",具有唤醒与团结的双重功能。"唤醒"本意指个体受到刺激而产生的感知觉的反应,"西畴精神"的唤醒功能是指在解决了个体生存理性与集体认同、个体能动性与社会历史情境、个体与内部权威结构三者的矛盾后,西畴县域内开展了轰轰烈烈的"炸石造地"运动,集体行动得以发生标志着"西畴精神"在那时那地被"唤醒"了。"西畴精神"的团结功能指"西畴精神"承载了西畴人的集体情感,具有很强的黏合力和凝聚力,地方能动与政府行动通过"工程团结"形成密切结合。

博物馆是"西畴精神"传播的重要载体,人格化是"西畴精神"传播的重要方式。随着时代的变迁,博物馆的数字化建设与人格化的形式创新是新时代"西畴精神"传播的重要议题。"西畴精神"的传播,要有时代性,应有选择、有淘汰,要满足大多数当代人的需要。这样,"西畴精神"才更具有活力和强大的生命力。①

"炸石造地"孕育地方精神

"炸石造地"是西畴人民在党的领导下,为了改变贫穷落后的面

---

① 从本章开始至第八章调研组对一些乡镇、村寨、人物的名称进行了匿名化处理,以尊重地方隐私,避免误会。但是像木者村、岩头村、三光片区、东升村这些关乎"西畴精神"发展脉络的村名,以及依莫莲、郑清宽、刘登荣、谢成芬、李华明、刘超仁、程敦儒、高兴龙、张贵相等具有典型性的人物名称,考虑到大众对其熟知的程度,并未进行匿名化处理,特在此进行说明。

貌而展开的一项工程行动。受地理位置、自然资源、边境战争等因素所困，西畴长期处于深度贫穷之中，连基本的生存口粮也难以保证。20世纪90年代初，云南省承接中央"加强农业，要下决心搞农业基础设施建设"的中心思想，规划在6年时间内建成2500万亩高产、稳产农田，10年间要大搞农田水利建设，随后，西畴县委、县政府号召开展"炸石造地"①的试点，鼓励群众自发修建"三保台地"②，以解决县域耕地少、种粮难的生存难题。

因经常扛着口袋向其他村寨借粮度日，木者村被戏称为"口袋村"，危房、饥荒、逃离、搬家等词，成为其日常生活的真实写照。当时的县长郑清宽认为，木者村"山大石头多，出门就爬坡。春种一大簸，秋收一小箩。女孩十七八岁往外跑，男人三十多岁讨不到老婆"——是远近闻名的"穷"村，如果这个地方发展起来，必然会给周遭村落形成良好的连片效应。出于以上考虑，县委、县政府最终决定将"炸石造地"的试点选在木者村。为了不再靠天吃饭、坐等受穷，木者村也积极响应党和政府的号召。1990年12月3日，王廷位、刘登荣等基层党员干部带领300余名群众，在乱石丛生的"摸石谷"点燃了炸石造地的第一炮。这一炮，拉开了全县向石旮旯要地要粮和宣战石漠化的序幕。

"炸石造地"并非易事，资金、人力是必不可少的要素。据木者村村委书记刘登荣介绍，当时每造1亩地，最少要翻动200立方米的石头，回填20立方米的泥土，投工200余人，投资800来元。在财政紧缺的时代，群众自发的集资集劳成为完成一项工程唯一可行的途径。起初，并非所有人都愿意为一项看不见希望的工程投入资金和人力，毕竟，"祖祖辈辈都没有干过的事，谁都没有经验"。当时木者村有7名党员干部，面对人心不齐这一状况，木者村临时成立了一个党员小组，由党员带头，先修建出两台台地，让大家看到在石旮旯里

---

① "炸石造地"是指将山上的石头炸起来以后，挖坑深埋，再从其他地方取土来覆盖在被炸过的地方，改造出一块平整的、可以种植农作物的土地。

② 西畴是深度石漠化地区，该地区极易发生山洪、滑坡、泥石流，导致水流光、肥跑光、土溜光的"三光"现象。"三保台地"即把炸开的石头垒起来，实现保水、保肥、保土的"三保"。

建"三保台地"的可能。看到效果后,村寨自然而然就凝聚和团结起来,自愿出资出力。

"炸石造地"需要炸药,据当时西畴的县长郑清宽介绍,开展试点时,他代表西畴县向省里申请了修建300亩"三保台地"的试点指标,一共得到了45000元的补助,并将其全部用于购买所需的炸药。除去当时云南省政府给每亩台地补贴的150元,木者村还根据每户土地面积多少筹集资金,以应对资金难题。没钱买炸药时,木者村就采取"土办法",通过"火烤水淋"让石头裂开,再动员村里的男女老少将碎石一块块搬开,从外地背来回填的泥土。经过105天日夜不分的苦战,300余名木者村民借助铁锤、锄头等原始器具,在人均仅有0.78亩地的地方,最终开垦出了600余亩保土、保水、保肥的台地,远超出起初300亩的指标。

台地建成后,木者村根据政府免费提供的玉米苗和白膜,种上了杂交玉米,产量翻了两番。收获颇丰的木者村便将玉米拉到集市上卖,当初常年拎着口袋到处借粮的"口袋村"摇身一变成为"卖粮村"。1991年10月,县委、县政府因势利导,根据木者村炸石造地的经验出台"六四二一"补助政策,即修建每亩台地补助60元,"坡地"改"台地"每亩补助40元,中低产地改造每亩补助20元,"地"改"田"每亩补助10元,由此掀起西畴以"炸石造地"为主的基本农田建设高潮。

为了进一步扩大玉米的"销路",木者村村民开始意识到修路的重要性。1991年,刘登荣等一干党员干部开始筹备挖路。根据当时的政策,每修1千米的路可以得到政府1000元的补贴,而其余的需要群众自筹。为了公平起见,木者村便根据每户人口多少开始集资,平均每人1200元左右,最终举全村之力挖了54公里的路,这条路不仅打通了经济作物售往周遭村寨的市场和销路,也连通了木者村村民通往美好生活的道路。

此后,炸石造地种烤烟、修水窖、建沼气池、改造茅房等,木者村的生活条件一天比一天好。这时,原来想搬家的人不搬了,一些已经搬出去的人家又搬回来。于是村里的老人就说:"咯是,我就说,搬什么家,搬家还不如搬石头!""搬家不如搬石头"这句极其口语化的表达也成为"西畴精神"的第一句表述语。有了木者村的实践经验，其他村寨也纷纷行动起来，自发解决温饱难题，都说"与其像这样苦熬苦等，不如像木者村人那样苦干实干！""苦熬不如苦干"便成为"西畴精神"的第二句表述语。1991年11月，在西畴农田水利建设三级干部会议上，县长郑清宽根据木者村"炸石造地"的首创经验，首次正式提出"搬家不如搬石头，苦熬不如苦干；等不是办法，干才有希望"的"西畴精神"。

1995年12月，云南扶贫开发工作会议在文山召开，号召全省上下学习和借鉴木者"搬家不如搬石头，苦熬不如苦干；等不是办法，干才有希望"的脱贫首创精神，"西畴精神"也由此形成，并在全省推广学习。

精神的唤醒功能

学者周鑫宇认为，"成功的减贫不只是在政治上的'唤醒国家'——这是桑德斯这样的政治家经常谈论的，还要在政治上'唤醒村庄'——在贫困社区把国家政策转化为集体行动"。[①] 西畴县的发展便是一项"唤醒村庄"的典型案例。1995年12月16日至18日，云南省扶贫开发工作会议在文山召开，会议号召全省上下学习借鉴"西畴精神"，会上提出"西畴精神"——"搬家不如搬石头，苦熬不如苦干；等不是办法，干才有希望"，正是对人民群众在西畴县木者村炸石造地的过程中朴素语言——"咯是，我就说，搬什么家，搬家还不如搬石头！"；"熬了几代人都没有熬出头，今天一苦干就变了，苦熬确实不如苦干"[②] 的总结和凝练。一石激起千层浪，多年的贫困生活并没有让西畴人民在艰难困苦中麻木，相反西畴人迸发出了对于美好小康生活的渴望，于绝地求生。但是长年苦寂的生活何以一

[①] 周鑫宇：《中国政治的细节——一个县的减贫治理》，中国人民大学出版社2022年版，第43页。

[②] 西畴县地方志编纂委员会：《西畴县志（1989—2015）》，云南人民出版社2020年版，第34—35页。

朝改变?

首先,认同唤醒及其集体行动的实际行为,为了满足生存理性需要,策略性地借用了政治文化传统与历史性的集体认同①。20 世纪 90 年代的西畴在经历了多年的乱砍滥伐之后早已丧失了《西畴县志》中所记载的"群山大都披绿吐翠,百鸟争鸣"的桃源景色,而占县内 75.4% 面积的喀斯特地貌本就有着成土慢、土层薄的特点,这让生态环境本就脆弱的西畴县的生存环境在当时跌落谷底。面对此种绝境,活下去就成了西畴民众唯一的愿望。而西畴历史上又有作为抗战根据地和发展农村合作社的优良传统,正是在这种生存危机的逼迫下,西畴人民内心深埋的历史记忆被再度唤起,唯有回溯以往众志成城的状态生存才有可能。

此外,学者路风、卞历南认为,"认同唤醒问题是在特定社会历史情境及其社会结构下被激发出来的"②,对于 20 世纪 90 年代的西畴群众来说,出走西畴或许是一种办法,但是受制于当时各地有限的发展水平,承接西畴民众的迁入可能也是心有余而力不足。在外迁无望的现实背景下,面对极端的生存环境西畴群众有幸遇到了一位敢为人先的县长郑清宽,在其主推下西畴县木者村开始了炸石造地,向西畴县长期沉寂的死水中丢下了一颗巨弹。木者村也因此由所谓的"口袋村"成为远近闻名的小康村,为西畴发展树立了样板。同时西畴县又迎来了"村村通"工程等一系列国家政策的支持,也正是在这样的社会历史条件下,西畴人民才得以有可能摆脱长期以来的困苦生活,勠力同心建设西畴县。

不仅如此,由于单位的权威结构是由单位的整合功能、强制性的依附结构决定的,且单位人无法超越只能受制于这种特定的制度结构,个体对这种结构的认同即对国家整合制度的认同③,那么对于西畴县而言,在各村寨领导人和村集体成员之间的关系和上述单位权威结构无异。村寨领导人的存在对于村集体成员凝聚共识开展活动有着整合和领导作用,因而也是唤醒西畴人的又一条件。以西畴县

---

① 张晓溪:《认同唤醒视角下的单位认同研究》,《学习与探索》2015 年第 6 期。
② 张晓溪:《认同唤醒视角下的单位认同研究》,《学习与探索》2015 年第 6 期。
③ 张晓溪:《认同唤醒视角下的单位认同研究》,《学习与探索》2015 年第 6 期。

木者村村委书记刘登荣和岩头村村小组长李华明为例，两人皆具有卡里斯玛式的气质，在村庄的修路过程中始终以领导人的角色指挥和推进修路进程，且在工程结束之后仍旧保持其在村寨中的地位，作为关键人物整合村民落实后续的发展计划。在分析西畴不甘于困寂而寻求变化时，我们不能否认村寨权威对于西畴群众认同唤醒的作用。

至此，解决了个体生存理性与集体认同、个体能动性与社会历史情境、个体与内部权威结构三者的矛盾后，西畴县域内开展了轰轰烈烈的"炸石造地"运动，西畴被"唤醒"了。

精神的团结功能

以"等不是办法，干才有希望"为核心的"西畴精神"，其持续鼓舞的精神力量来源于它团结群体通过苦干和实干满足人类对于发展的渴望。团结的功能，指"西畴精神"承载了西畴人的集体情感，具有很强的黏合力和凝聚力，地方能动与政府行动通过"工程团结"形成密切结合。

在鸣明乡温土村世代聚居着瑶族，他们聚居深山，难以参与中国的工业现代化进程。然而，"温土村的瑶族同胞，也同所有西畴人一样，经历了从石旮旯里炸石造地、填土修路的拼搏过程。人们自发修路的原因各不相同，但对于发展的渴望却是一致的。……温土村的修路其实不仅仅有村民自发的行动，还有基层党组织也在行动。无论是修路期间提供的炸弹，还是道路建成以后，再从其他地方运土改地的工程，如果没有基层党组织的组织和动员，仅靠村民自发力量很难完成"。[1]

在西畴县美丽乡村示范点、农村人居环境提升典型村落的宽鸿村，道路整洁，但是根本看不见村民扫地——因为村民早起扫地时其他人都还没起；路旁鲜花不断，时不时还能看到极富创意的花艺作

---

[1] 引文内容来源于云南大学西畴调研组2019级社会学专业李会泽同学。

品，比如用一个旧水缸打造的"饮水思源"；每户家里都有花坛或者盆栽，仔细看，花盆是用竹子、瓦片等搭建的……宽鸿村的成功与村支书的合理规划，群众的主动配合是离不开的。在采访当地的驻村干部时，我们了解到，当地进行村居环境美化时所用到的原材料都是村民"舍弃的"，比如废弃水缸，废弃花盆等。当地群众自愿捐出来，因为"也不费钱，也简单美观"。除此之外，宽鸿村采取的美化环境的措施还有，每家每户让出路边的一定土地，由村里统一栽花；村里的公共道路承包到户，每户负责一定时段道路卫生的清理；等等。当问到这些会不会浪费时间、耽误农活时，村民表示路是集体的，美化的环境也是大家的。"都弄干净了，自己看着也舒心，住着也舒服。"通过农村人居环境提升工程，村民们的团结精神更加凸显。除此之外，还有一个有意思的事是，宽鸿村里的村展览馆是借用的一户外出打工人家的房子，通过访谈驻村干部，我们了解到，"当这户人家听说要建设村展览馆时，主动无偿借给了村里"，"西畴精神"将游子与家乡联系了起来。

在全县的修路问题上，也能体现"西畴精神"的团结功能。西畴修路大约经历了四个阶段：第一个阶段，20世纪70年代—90年代，国家补助搞试点，木者村试点比较成功，成为"西畴精神"起源；第二个阶段，20世纪90年代—21世纪10年代，开始铺塘石路；第三个阶段，2015年开始提档升速，建设水泥路；第四个阶段，到现在，建设柏油路。西畴县修路的开端，主要是"民修公助"的形式，在这时期，涌现出像将霞村"四愚公"开山凿路、岩头村在悬崖峭壁上打通"最后一公里""独臂修路战士"借钱修路等的光荣事迹。具体来看，以木者村为例，1991年，为了进一步推进农产品商品化，村民决定修路。政府规定补助1000元/千米，剩下的按照每户人口及土地线路进行集资（平均约1200元）。2008年响应国家的政策号召，该村对之前的沙地路进行硬化，硬化主要以村民集资的方式获得资金（"面子"），最后于2012年完成54千米路的硬化工作。大山并没有阻挡西畴人发展的步伐，西畴人在"西畴精神"的号召下，团结一致，实现了交通自由。在进行工程建设时，不可避免地面临着资金困难，当地政府工作人员向调研者透露，西畴县很多时候是贷款来建设基础设施的。尽管和其他县比，西畴县的负债可能比较多，财政压力比较大，但是西畴县还是愿意做这些，"因为当地群众得到实惠，教育、基础设施、农村通硬化都是群众享受到的实实在在的好处……，政府可能穷了，人民却富了，这也是'西畴精神'的鼓舞作用"。"西畴精神"将政府和人民紧紧团结在一起。

在今天，为了巩固西畴县的奋斗成果，强化"西畴精神"的团结力、感召力、影响力，西畴县开展了"西畴精神""五进"①等活动。以进学校为例，当地老师透露，在学校会让学生们观看与"西畴精神"相关的影像资料、开展主题宣讲、开展手抄报黑板报比赛等活动。调研人员采访到一个小孩，当问到他是什么时候知道"西畴精神"时，他说这是大家都知道的事，不记得时间了。老师说，通过环境的潜移默化，让学生了解"西畴精神"的发展历程，知道西畴的今天来之不易，鼓励学生回来建设家乡，而不是等着政府等着上面的帮扶。"西畴精神"，在这里成了"种子精神"，种子意味着破土而出的希望，也意味着向上拔节的奋斗精神，将西畴县的现在与未来紧紧团结在一起。

过去，面对耕地短缺，西畴人民自发炸石造地，用炸药向石头要地；面对交通困难，西畴人民自发组织修路，用双手打通最后一公里；面对水土流失，西畴人民自发植树造林，用林木孕育水源。"西畴精神"，被寄予了西畴人民困境求生的希望，团结着不向命运低头的西畴人。现在，面对环境提升，西畴人民主动让出土地，营造绿色景观；面对教育短缺，西畴人民不等不靠不要，贷款建设学校；面对产业发展，西畴人民主动招商引资，建设产业园区。"西畴精神"，寄托着西畴群众致富奔小康的期望，团结着渴望建设富强家园的西畴人。无论什么时候，"西畴精神"都对集体记忆进行建构，这一份集体情感，将西畴人紧紧地团结在一起。这就是"西畴精神"持续鼓舞的精神力量。

---

① "五进"，指进机关、进农村、进社区、进学校、进企业。

博物馆作为精神传播的载体

乡村振兴不是单纯地发展经济，而是涵盖了产业振兴、人才振兴、文化振兴、生态振兴、组织振兴在内的多元战略。对于文化振兴来说，2022年4月1日出版的第7期《求是》杂志，发表了中共中央总书记、国家主席、中央军委主席习近平的重要文章《坚持把解决好"三农"问题作为全党工作重中之重，举全党全社会之力推动乡村振兴》。文章指出，"乡村不仅要塑形，更要铸魂。农村精神文明建设是滋润人心、德化人心、凝聚人心的工作，要绵绵用力，下足功夫"。[①] 西畴县在脱贫攻坚中所凝聚的精神文明遗产是西畴县响应总书记的要求进行乡村精神文明建设、助力文化振兴的优势所在。

而博物馆文化是对于人类精神需要的满足，是对于人类生活质量的提高，是对于人类文化理想的寄托，是对于人类历史文明的凝聚。观众在博物馆文化环境中，跨越时空探寻文明的足迹，博览人类历史文化的丰富内涵[②]。可见借助博物馆这一精神载体来进行"西畴精神"的传承是对上述优势的有效利用。在此次调研中，调研组走访了西畴县内几个关于"西畴精神"的展览馆，它们虽不似博物馆那样保留有丰富的文化遗产，但是力图通过展板、图书、视频发挥同博物馆一样作为精神文化载体的功能，既向外展示西畴县的发展风貌，又作为"西畴精神"的实践教育基地实现"西畴精神"的代际传承，实现"西畴精神"的纵向、横向双线传播，在西畴各展览馆中以位于三光片区的"西畴精神"展览馆内容最为丰富。

"西畴精神"展览馆："西畴精神"传播的重要载体

"西畴精神"展览馆始建于2018年4月，初始命名为"西畴石漠化展览馆"，其主要围绕"山、水、林、田、路、村、产业、扶

[①] 求是网站，http://www.qstheory.cn/dukan/qs/2022-03/31/c_1128515304.htm，下载时间：2022年8月17日。

[②] 单霁翔：《博物馆使命与文化公共权益保障》，《四川文物》2014年第1期。

贫"等方面集中介绍西畴县石漠化综合治理成果并辅之以"西畴精神"的发展过程和成就。2022年2月，展览馆改造升级成功，对其内容布局与时俱进地做出了补充和调整，将其更名为"西畴精神展览馆"，以石漠荒山变绿水青山，绿水青山变金山银山，金山银山变锦绣河山为脉络全景式地介绍了自20世纪50年代起，西畴县建设东升合作社得到毛主席的批示与肯定，至今日西畴群众在脱贫攻坚中凝练的"西畴精神"得到各级领导肯定的发展历程。

调研组有幸在2021年7月、2022年7月两次前往该展馆参观，见证了展览馆内容的调整和优化。第一次到访"西畴石漠化展览馆"时，展馆中的讲解内容以西畴群众同石漠化的斗争为重，内容以三光片区的石漠化治理措施为主，相对单一。第二次到访时，展览馆的元素更加丰富，增添了"西畴精神"典型人物的介绍，典型人物也不再局限于石漠化的治理，而拓展到开山修路领头人、致富带头人、参与乡村治理的村庄精英等多个方面，涵盖的领域从生态修复拓展到了经济发展、文化振兴、社会治理等多个板块，且展览馆也展示了西畴特色农产品，将展馆同脱贫增收结合起来，将游客引流至西畴电商平台。总体来看，改造之后的展览馆，将"西畴精神"进行了梳理，记录了其诞生、发展以及在新时代的变化历程，既可以让游客多方面了解"西畴精神"，也展现了"西畴精神"与时俱进的特质。在同"西畴精神"展览馆管理员谢成芬进行交流时，其也多次提及"我们是在一直朝前走的，不沉浸在过去，成绩都是过去的"。

当然，在西畴县，关于"西畴精神"的展览馆众多，木者村的摸石谷展览馆、岩头村的最后一公里展览馆等不一而足，不过这些展览馆带有很强的地方性，仅是详细地记录本村的发展过程，相比于"西畴精神"展览馆整体性不足，但贵在细节丰富、内容生动，因而也更能打动人。以岩头村的最后一公里展览馆为例，岩头村村长李华明是"西畴精神"的代表人物，全程参与了岩头村出村路的修建，同时也是该馆的讲解员，其在讲解时常常现身说法，以真情实感来展现当时修路之艰辛，说到动情之处不禁让人落泪。可以说，这些展览馆作为"西畴精神"的载体成功地向外展示了西畴人苦干、实干、创新干的光辉历程。

"西畴精神"作为西畴人民战石癌、斗贫魔的过程中凝聚的奋斗精神带有很强的时代性,一旦生活不再成为问题,"西畴精神"的代际传承难免会遭遇困难,部分年青一代在享受发展红利时难免会萌生出"现在生活既然已经这么好了,哪里还需要那么拼命"的想法,在生活上得过且过、坐享其成。年青一代斗志的丧失必然会阻碍西畴县后续的持续发展。

这些记录了西畴先辈的艰辛历程的展览馆的存在正是应对这一问题的良药,其为年青一代提供了忆苦思甜的药。"忆苦思甜"是中国共产党首创,从本质上讲,是中国共产党在20世纪开展群众动员的一种有效形式,是中国共产党在开展思想政治教育工作中注重培养人们正确的国情观、历史观、发展观、生活观、价值观等的一种今昔比较教育方法和感受体验教育方法①。"忆苦思甜"能使没有经历过炸石造地的年轻人理解当前在西畴的幸福生活来之不易,还能使年青一代认识到现阶段西畴发展还不完全,仍需要"一届接着一届,一棒接着一棒"持续奋斗。因而展览馆在实现代际传承上同样是重要载体。

数字时代博物馆发展的契机与挑战

在信息技术发展的今天,各种流媒体平台对主要通过博物馆进行传播的"西畴精神"形成了挑战,同时也带来了机遇。

目前关于"西畴精神"各展览馆的讲解多停留在"展板+讲解"的模式上,手段稍显落后,传播效应有限。在今天随着网络技术和数字技术的推广和应用,博物馆进入发展新时期,走上数字化之路。数字博物馆是互联网时代背景下依托网络平台,通过数字化技术实现实体展品信息线上化,为观众提供所需精神文化服务的数字信息资源系统。与传统线下博物馆相比,数字博物馆拓宽了宣传渠道,实现了资源整合,更具个性化服务特点。线上观众可根据个人爱好和参观趣向,选择对应的展区进行详细了解,提高传播效果,优化服务体验。

---

① 李羊城、叶美霞:《论"忆苦思甜"在大学生艰苦奋斗教育中的创新运用》,《教育与职业》2011年第14期,第45—47页。

同时，数字博物馆作为传统博物馆跨越时空的新发展方式，降低了出行成本，在网络信息技术迅猛发展的今天，发展和建设数字博物馆对于传承和推广地方精神，巩固脱贫成果具有现实意义。

因而西畴县各展览馆应对内容和形式进行调整使其更能适应数字化传播的要求，利用抖音App、快手App、微信公众号、微信小程序等平台搭建起线上传播平台，将"西畴精神"各实践教育基地联合起来建设线上"西畴精神"博物馆群，将其与文化展览、精神传播、产业发展等结合起来。

此外，在多渠道建设线上平台的同时，展览馆需要兼顾线下媒介的利用，通过报纸、广播等对"西畴精神"进行宣传，为其创设渠道多、覆盖范围广的融媒体宣传环境。

现如今，媒介融合成为时代发展的主流，县级融媒体建设是党和国家在移动互联网时代所做出的高瞻远瞩的战略部署，是对县级新闻事业改革所做的调整，更是应对当下媒介下沉市场所做的安排。县级融媒体中心不仅是县级党委政府的喉舌，也是迎合当下新媒体环境的一个很值得用好用活的资源。西畴融媒体中心目前已有大量"西畴精神"宣传方面的资源，可将"回归西畴"App上"精神高地"栏目的"典型人物故事""理论文章""微视频""媒体集萃"等关于"西畴精神"的内容与各展馆的布展内容相结合，以二维码的方式链接线下展览和线上资源，既能实现宣传的立体化，弥补线下展馆空间有限、硬件设备老化不足的问题，又能增加"西畴精神"传播渠道，扩大影响。

展览馆作为宣传的物质载体在如今媒体技术日新月异的背景下，必须借助数字化的技术进行线上传播，同时也不能放弃线下传播的路径，两者相互结合会更有效地发挥其作为精神载体的作用和功能。

博物馆作为文化的载体连接过去与现在，更影响未来。"西畴精神"是西畴人民面对生存困境苦干实干的奋斗结果，不应该被人遗忘。而传承"西畴精神"对于西畴县来说又是进行乡村精神文明建设的重要部分，因而利用博物馆这一载体进行"西畴精神"的传承是必要的。现如今，西畴各展览馆发挥了作为精神载体的功能，通过"展板+典型人物讲解"的形式实现了"西畴精神"的向外传播和代际传承，但是不能否认的是其所采用的方式是单一的、缺乏竞争力的，在新的形势下，将展览馆同线上线下多种宣发渠道结合起来，建设数字博物馆、创设融媒体环境是必要的。

"西畴精神"的人格化

地方精神是在地方发展中凝聚起来的具有地方特色的文化的组成部分。地方精神的人格化就是以人格化的方式继承和传播地方文化精神，把精神的宣传载体从工具变成精神代言人。与工具相比，人有生命和情感，通过人格化方式能够使精神更富有感染力和引导性，能实现时空跨越，将精神传播到更远的地方。同时，传播者能够在精神的传播中随时代发展发挥传播主体的能动性，丰富精神意涵，提供其仅靠工具所不能实现的与时俱进的长足发展。

与时俱进的西畴人物

1990—1995年是"西畴精神"的孕育和形成阶段，涌现出木者村的一批党员干部——王廷位、刘登荣、赵文和等，其带领木者村村民在"摸石谷"点燃了炸石造地的第一炮。1995—2012年是"西畴精神"的全面实践阶段，在开山劈石修公路的过程中各村涌现出一批"修路"带头人，其中包括岩头村在悬崖峭壁上打通"最后一公里"的李华明，零榆村践行"西畴精神"创造生命奇迹的"拼命三娘"谢成芬，解青村演绎现代"愚公"故事的张仁贵。2012年起是"西畴精神"的创新实践阶段，从西畴县人民政府公布的100名新时代"西畴精神"先进典型和4个先进群体名单中可以看到，在脱贫攻坚的过程中，不仅能看到当年为西畴建设创下丰功伟绩的前辈的熟悉的名字，以这一批在最艰苦的环境下创造开山修路的奇迹、带领人们走出大山过好日子的前辈的攻坚克难精神来激励"脱贫攻坚"中的西畴人民；也能看到新的一批党员干部、基层工作者、乡村教师、致富带头人、乡村医生和各行各业的业界人才在教育、农业、卫生、水利、生态、医疗、脱贫攻坚和乡村振兴等各个领域倾情奉献、苦干实干、为脱贫发展事业添砖加瓦。

2020 年新冠疫情蔓延，"西畴精神" 在抗疫中凝聚磅礴力量。不惧生死的援鄂战士黄录相变身西畴最美"逆行者"，驰援武汉到达抗疫一线"战斗"；木夏乡碧水村乡村医生周贵勇，身为一名小小村医，在健康扶贫路上却有大情怀。二人均获得新时代"西畴精神"先进典型表彰。2020 年也是脱贫攻坚战取得决定性胜利的一年，表彰为新时代"西畴精神"先进典型的高兴龙在八角林下发展乌骨鸡养殖，于 2011 年创立兴龙养殖专业合作社，带动建档立卡贫困户发展乌骨鸡产业脱贫致富。

2020 年之后，西畴县紧跟中央步伐，从脱贫攻坚迈向乡村振兴，这一时期的"西畴精神"的内涵也逐渐从脱贫攻坚精神向乡村振兴精神蝶变。在 2022 年 4 月刊登在人民日报网《老人与山》中的"80 后"创业者林悦娣放弃外企可观的收入回到家乡部林乡阁离村办起豆腐加工厂，将家乡特产带出大山，被称作走出大山又回到大山的"豆腐西施"。同时，被评为"美丽乡村建设中的金刚钻"的谢学东积极推进厕所革命，助力乡村建设。

创新"西畴精神"的传承形式

其一，宣讲团中亲历者线下的亲身告白和自媒体时代典型代表线上的自我叙述是"西畴精神"通过真实人物的故事进行传承的方式。刘超仁、谢成芬、程敦儒、张童林、乐金宁、李华明等多位"西畴精神"的实践者、亲历者和见证者组成"西畴精神"宣讲团，用他们的亲身经历和感人故事，向县域内外、全国上下多地区阐述"西畴精神"，掀起了"西畴精神"学习热潮。在融媒体时代下，西畴县积极拓宽"西畴精神"宣传渠道，利用电视、线上电子报刊、微信平台小程序、手机 App 等让新时代"西畴精神"典型代表讲述自己的故事，将新时代"西畴精神"传播到更远的地方。

其二，拍摄新时代"西畴精神"主题电影《石漠花开》是"西畴精神"通过文学艺术进行传承的方式。2020 年电影《石漠花开》获国家电影局批准拍摄，作为全国获批的 200 部重点影片之一，电影讲述西畴县石漠山区——石牛塘村的石塘根、石牛宝、石漠花一家三代人在困境中求生存，敢于向贫困挑战，自强不息地改变家园、建设家园，最终依靠坚韧顽强、奋发有为的精神和科学技术、新发展理念，把不适宜生存的石漠化山区变成脱贫致富、宜居宜业、环境优美、产业兴旺的喀斯特绿洲的故事，积极宣扬"西畴精神"。

其三，结合时代背景、评比先进典型是"西畴精神"通过政治表彰与激励进行传承的方式。在2021年6月西畴县人民政府公布的100名新时代"西畴精神"先进典型和4个先进群体名单中，不仅能看到当年为西畴建设创下丰功伟绩的前辈的熟悉的名字，也能看到在"西畴精神"的滋养下，新一代西畴人的苦干实干。

其四，典型人物的政治影响力是"西畴精神"通过对西畴产生实际政治效益进行传承的方式。2022年，文山州已完成云南省出席党的二十大代表人选的推荐提名工作，谢成芬顺利当选。作为"西畴精神"的代表人物，"拼命三娘"谢成芬从拔掉穷根，到全面推进乡村振兴，始终奋斗在一线，与群众肩并肩作战。她说："'西畴精神'不单是西畴、文山、云南的精神，更是全国人民在党的领导下，苦干实干，努力奋斗的象征，我会把'西畴精神'向参会代表分享，让'西畴精神'走向全国，让'西畴精神'永放光芒。"

"搬家不如搬石头，苦熬不如苦干；等不是办法，干才有希望"的西畴精神生于石头而不朽，刻入人心而永流。西畴人民在各个时期都紧紧依靠党、紧随时代进步，将"西畴精神"刻入骨髓铭记在心，不断赋予"西畴精神"更多时代含义，使其在每一代人手中传递、发扬。"西畴精神"并不独属于一群人，也并不停滞于西畴，它正辐射到更广阔的地方和更多人的身上。在西畴县内，前辈功成未退，后辈砥砺前行，一代代西畴人把经验落实到行动上，于无声处用实践传承精神。在"西畴精神"里，我们能够看到一个个有血有肉的中华民族的儿女将老山精神、愚公精神、奋斗精神、奉献精神、改革创新精神、时代精神集聚于这个充满奇迹的小县——西畴县。小县的故事还在继续，"西畴精神"仍在远扬，"西畴精神"的人格化也将永不停歇。

（执笔人：梁兆哲、李会泽、李文哲、鲁思妍、高思蓉）

国家在场与地方能动

"等不是办法，干才有希望"是"西畴精神"的朴素表述，体现的是西畴人不等不要，自觉追求美好生活并将追求付诸实践的主动性。自20世纪90年代以来，西畴县通过多种工程，开展多项运动，发展多种模式，勠力同心集结全县各族人民力量将深藏在大山里的贫困县换了新颜。回顾其发展历程，西畴县的成就离不开党和政府的扶持，即所谓"国家在场"，和地方群众的认真贯彻，便宜行事，即所谓"地方能动"。

西畴县的造地修路运动、石漠化治理模式、环境卫生建设活动、脱贫攻坚工作等多项发展项目展示了地方发展中国家和本地两种力量的作用路径，即两者何以共同发力实现中央和地方的有效整合，既保有了地方的主动性，又维持了中央权威。

具体来看，在西畴县发展当中涌现的地方发展模式：应对石漠化的"六子登科"治理模式、建设美丽乡村的"五分钱"工程等都是西畴县在长期摸索中形成的地方智慧，受到了国家权威和地方百姓的支持。而对于由中央向地方下派的发展任务，诸如农田水利建设，乡村振兴等，西畴县结合地方实际，发展民族特色产业、合理建设扶贫搬迁点，将地方发展合理融入国家项目当中，实现了中央与地方的有机统一。

农田水利建设与"造地"运动

1989年，中央工作会议和党的十三届五中全会在北京召开。会议上，云南省委书记普朝柱提出"对于保持国民经济持续、稳定、协调发展问题，在云南关键是加强农业。加强农业，要下决心搞农业基础设施建设……要下大决心，建设 2500 万亩不同层次、不同要求的高产稳产农田，使全省粮食总产量达到 250 亿斤……为实现这一目标，要大干水利建设，使全省蓄水由 50 亿立方增加到 70 亿立方"。

1989 年 11 月 16 日至 20 日，云南省委召开四届六次全会，传达贯彻五中全会精神并作出决定：用 6 年时间，建成 2500 万亩高产稳产农田。1990 年 8 月 1 日至 7 日，云南省第五次党代会召开。这次党代会通决定在今后 6 年时间内在全省集中精力建成 2500 万亩不同层次、不同要求的高产稳产农田。每年冬春都要大搞农田水利建设，持之以恒，一直坚持到 2000 年，保证粮食登上 1200 万吨（1995 年）和 1400 万吨（2000 年）两个新台阶，实现粮食自给[①]。由此，云南省掀起了一场"造地运动"。

出走无路

而此时的西畴县鸣明乡中的十多户人家，因为当地石漠化严重，难以生存下去，又听说另一地有发展机会，就把猪和牛都卖了，揣着钱搬过去了。但 1989 年国家土地管理局不过受制于《关于确定土地权属问题的若干意见》中严禁毁林开荒，农民只能实行定居固耕的规定，搬出去后这十多户人家无法获得赖以生计的土地，因此又回来了。回来之后，无粮以果腹，无牛以耕田，只剩下空空的房子，生活无望。

无奈之下，鸣明乡的这十多户人家只能向西畴县人民政府求助，在政府财政拨款的资助下，他们暂时安顿下来，求得了一线生机。但这无异于饮鸩止渴，禁止毁林开荒和西畴现有人均耕地面积不足的矛盾仍然摆在西畴人民面前。时任西畴县县长的郑清宽认为，解决这一矛盾，关键是要解决土地问题。但在石漠化严重的西畴县，要想解决土地问题，只有把土地炸开，力求将其变为保土、保水、保肥的

[①] 金凤云：《农业发展的一个重大决策的出台和实施——云南建设 2500 万亩高产稳产农田的回顾》，《创造》2005 年第 4 期。

"三保地"，达到充分利用现有耕地的效果。

此时，恰逢考虑到省委做出了"用6年时间，建成2500万亩高产稳产农田"的相关决定，郑清宽的想法得到了西畴县政府常务会和县委书记的一致肯定。多方考察之后，县政府决定在地方穷但群众基础好又主动请缨的木者村开展炸石造地的试点。

造地谋生

1990年12月3日，西畴人向石漠化开战的第一炮在木者村摸石谷炸响。彼时，炸石造地一亩地需要花费60元，虽然其中半数由国家补助，但是剩下每亩30元的花费则需要按照每户所拥有的土地面积向村民摊派筹钱集资。这让生活本就困苦不堪的木者村村民备感压力，从而不配合相关的集资工作，炸石造地运动难以开展。后来部分村民在党员干部的带领下，带头开出了两个台地，并取得了良好效果，木者村村民才广泛参与其中。

最终木者村改造出了600亩土地。土地则按照人口的数量分配。炸石造地结束之后的第一年，木者村在秋收时苞谷增产四倍，烤烟亩产纯收入超千元。1991年，为了进一步改善生活条件、推进农产品的商品化，修路成了摆在木者村村民面前的当务之急。当时，每修1千米路政府补助1000元，剩下的不足部分按照每户人口及土地线路进行集资，平均每人每千米出资1200元。木者村利用这些资金顺利地修成了主干路。2008年为响应国家的政策号召，该村对之前的沙地路进行硬化，硬化路面的资金主要以村民集资的方式获得，最后于2012年完成54千米路的硬化工作。

回到90年代，当时的县委、县政府想要趁热打铁，全面推开木者村炸石造地的经验。1991年10月，西畴县召开农田水利建设县、乡、村三级干部会议，在总结试点经验的同时，在全县进一步喊响"搬家不如搬石头，苦熬不如苦干；等不是办法，干才有希望"四句口号。2021年7月，调研组在昆明对赋闲在家的郑清宽老人进行访谈时，老人指出前两句口号是专门针对"不愿干"的群众，后两句口号则是针对"总想等"的干部。

西畴县这个地方你靠不上，等也不行。搬家没有地方搬出，所以就提出搬家不如搬石头，搬开石头造地，苦熬不如苦干，要把这个人的精神面貌树起来。开始这两句话是搞试点的时候，我就想去就跟他们说。我说搬家不如搬石头，你又把这个地造出来以后，不仅是你们这一代受益，子子孙孙都受益。我看你们把地造好了，粮食丰收了，家庭生活好了，讨媳妇都会讨着个好的。

那么最后在这个总结会上，因为这个试点成功了以后呢，群众当中和干部当中也有两种想法，大多数是觉得既然我们这个路子对了，试点也成功了，不管他遇到什么困难都要干。一种嘛，说是，哎呀，这个县上又没有钱，指标不多，就让大家都干起来了，又没有钱（怎么行）。所以实际上是还有一个等待观望的。所以我就想了一下，这些等的思想观念发作了以后，我们这个建设要等到什么时候。我就提出一个等不是办法，干才有希望，所以在这次会议上就把搞试点的时候提的两句——搬家不如搬石头，苦熬不如苦干，后面再加了两句，等不是办法，干才有希望。所以说实际上这后两句话就纠正那些干部"再等等看"的思想观念。有了这个口号，西畴县形成一个大的建设气候。

木者村炸石造地以后，县里掀起大干农田建设，修建乡村公路的热潮。1992年，县委政府根据木者村的经验出台了"六四二一"工程，并拓展至全县，"六"指修好一亩台地奖励60元，"四"指坡地改成台地奖励40元，"二"指中低产地改造完成奖励20元，"一"指地改成田奖励10元，将地方经验成功转化为参考的蓝图，在全县范围内拓展开来。

西畴通过90年代的"造地运动"形成的一种"上下"之间的良性互动机制，赓续了50年代中国共产党的国家权威在西畴的县域范围的具体化；而在此基础之上"生产"的"西畴精神"更是强化了西畴的运动式治理能力。

从"村村通"① 到"村村动"

20世纪70年代的西畴，村民常常冒着生命危险出村卖猪、卖牛，这危险自然不是计划经济时对于投机倒把分子的打击，而是山高路陡稍不留神便有滚下山丧命的危险，且这只是彼时的西畴道路狭窄且不连贯所造成的村民生活困苦的一个缩影。面对生存危机，西畴县木者村主动争机会，运用当时有限的国家补助点燃了西畴县炸石修路的第一炮以开辟走出大山之路，寻找活下去的希望。但这只是一枝独秀，其并未能掀起西畴县修路的浪潮。不过截至2021年底，全县9个乡（镇）全部实现路面硬化；72个村委会已全部通硬化路，硬化率100%；1774个村民小组通公路率达100%，路面硬化率99%。②可见西畴的道路建设是一项遍布全县的工程，西畴县的道路建设实现了一枝独秀向百花齐放的转变。这一转变实现的原因是值得探索的。在此次实地调研中，笔者走访了西畴县开博乡、鸣明乡的几个村寨，也访谈了几位修路的领头人，了解到西畴县大规模开始修路集中在21世纪的头十年，笔者查阅相关资料发现，彼时正是国家"村村通"工程的实施阶段。

"村村通公路"是"十五""十一五"期间国家支持新农村建设的一项重大公共政策，以国家出资为主，地方配套资金为辅，禁止强制村民平摊的方式，计划在"十一五"完成时投入1000亿元修建农村公路，实现所有村庄通沥青路或水泥路，以打破农村经济发展的交通瓶颈，解决9亿农民的出行难题③。关于该政策的结果：据交通运输部统计，截至2009年底，全社会共完成农村公路新建、改建里程38.1万千米，农村公路总里程达到333.56万千米，乡镇通达率达到

---

① "村村通"是国家一项系统工程，其内涵包含公路、电力、生活和饮用水、电话网、有线电视网、互联网等。

② 西畴县人民政府网站，https://www.xczw.gov.cn/zwyw/bmdt/content_28304，下载时间：2022年8月15日。

③ 张新文、杜春林：《村庄公共事务决策结构的探讨——基于皖西X村"村村通"工程的个案》，《北京行政学院学报》2014年第3期。

99.4%，通畅率达到 92.7%，东、中部地区建制村通畅率达到 95.6% 和 88.5%，西部地区建制村通达率达到 90.1%。"村村通公路"政策的实施，改变了农村交通落后的状况，使农村的面貌发生了根本性的变化，农民出行更加便利，农民收入不断增加，为新农村建设打下坚实的基础①。

可见，正是"村村通"工程激起了西畴县各村寨开山修路的积极性，并为西畴后续的发展提供了群众基础、交通条件。从"村村通"到"村村动"在本书中有两层含义：一是"村村通公路"这一政策推动全县各村寨动起来修建出村入户路，二是"村村通公路"这一现状为村民发展产业、外出务工，主动脱贫增收提供了交通便利。

政策赋能：修路政策带动全县破局

在西畴有一句俗语，即"在惯了的山坡不嫌陡"，意思是我们长久住在这地势险恶之地，不觉得这里陡峭而不能生存。由此可见部分西畴人对于身居大山深处的生活处境是满足的，炸石修路的意愿不甚强烈，是愿意得过且过生活在温饱线上的。这也许就是当时木者村炸石修路没能在西畴县形成一股浪潮的原因。不过当"村村通公路"成为国家政策之后，在科层制体制中其连带的自上而下的支配权力，迫使这群得过且过的人不得不转变思路，参与到炸石修路的过程中，在修路的过程中改造自身，创造"西畴精神"。

"村村通公路"的政策对西畴群众建设的自觉性和积极性的调动是毋庸置疑的，在 2021 年和 2022 年 7 月对西畴县的实地调查中，笔者对于西畴群众主动炸石开山修路的过程记忆尤为深刻。2022 年 7 月在对党的二十大代表谢成芬进行访谈时调研组了解到，2008 年其带领村民开始种植核桃，但是配套的交通运输条件并不支持核桃成熟之后的运输需求，对此谢成芬萌生了铺设塘石路的想法。同年，谢成芬到乡上开会时听说县里制定了修路的补助政策，每修 1 千米路补贴

---

① 蒋春燕：《论我国农村"村村通公路"政策及改进建议》，《科教导刊（中旬刊）》2010 年第 8 期。

3.5万元，正是在这项政策的鼓励下零榆村历时3年在全村铺设了比塘石路更耐用、更美观的水泥路。

同样受"村村通公路"政策激励的案例在西畴县俯拾即是，露新镇山奈村、鸣明乡峰勤村、开博乡龙口藤村等都是在21世纪初开展修路工作。据峰勤村挂村干部介绍，西畴县在21世纪以来的修路过程有三个阶段，首先是21世纪初各村寨铺设塘石路，其次是2010年之后，各村寨铺设水泥路，最后则是自2020年起至2035年，要将水泥路改为柏油路，力图通过三个阶段逐步提升道路质量，提高其运输承载力。在这些有计划有步骤地建设过程中，西畴各村寨村民的建设积极性被一次次可见的目标、可享受到的福利调动起来，得过且过再也站不住脚，村民开始自觉主动地响应国家政策建设本村道路，一步一步地联通各个村寨，形成遍布全县的运输网络。

另外，"村村通"政策对于村民修路的支持也让一批提前修路的村民尝到了甜头，以木者村为例，从20世纪便开始修路的木者村进入21世纪以来在"村村通公路"政策支持下有更多的时间和精力去对原有的路面进行修缮，这让木者村因其敢为人先的勇气而自豪和欣慰，从而使其获得精神上的满足因而也更愿意投身后续的发展建设当中。

在这里需要指出的是，由于西畴县在发展早期修路的过程中受到的项目政策支持不仅包括"村村通"工程，还包括小康村建设、挂包单位的扶持，等等，本书强调"村村通"工程不是为了否认前述项目的贡献，而是为了表明修路这一行为在西畴县发展过程中的积极作用。

交通赋能：县乡联同实现村民致富

在21世纪的第二个十年间西畴县各村寨基本完成了水泥路的铺设，出村入户的道路变得前所未有的畅通。交通运输的便利也方便了各村寨所种植的经济作物的贩卖、闲散人员的外出务工、适龄儿童接受教育等，让原本困于一隅的西畴人得以走出大山，在更广阔的平台上发挥自己的力量，脱贫致富。

以西畴县岩头村为例，在进村路修好之后，岩头村压抑已久的活力终于找到出口迸发而出。在村子同外界连通的最后一公里没有修筑好之前，岩头村适龄孩童每天需要花费两个小时的时间走陡峭且泥泞的山路去上学，稍有不慎便有跌落的风险，对于岩头村的这些孩童和家长来说，上学成了一件"难如登天"的事情，彼时的岩头村孩童辍学的事情时有发生。除去上学难以外，岩头村受其交通的限制，在农产品的贩卖、适龄男女的婚配上也存在诸多问题，在2021年7月对岩头村进行实地调研时，笔者发现"媳妇跑了"是村里老汉的特点。为此岩头村村民历经十多年的苦干、实干，终于于2014年修通了"最后一公里"的出村路。次年，岩头村村民在县政府的帮助下对路面进行了硬化，真真正正地将岩头村同外界联系起来。

路修通之后，岩头村的变化不可谓不大，在调研中，一位村民给调研组展示了他儿子被北京民族大学录取的通知书，说他的儿子是岩头村第一个考上大学的，但当时为了修路孩子没有去上学，而是作为劳动力留了下来。如今的岩头村，路已经不是阻挡孩子求学的困境，据了解，自2015年起岩头村已经出现了两位大学生。除了教育的进步以外，岩头村也积极引进各色产业，种植三七、养殖乌骨鸡，同时还进行人居环境建设，将这个曾经的山窝窝打造成了世外桃源。

相似的例子在西畴县其他村寨同样可以看到，在修通的路上，越来越多的产业被引入了村寨，养殖、旅游、农产业加工等，越来越多的人也在走出西畴，前往昆明、文山等地务工来增加家庭收入。同时越来越多的年轻人也愿意回到家乡，诸如张虹灵、林悦娣等利用自己在外学习的经历回归家乡，开办工厂，带动村民致富。

交通对于西畴县这样一个贫困山区来说至关重要，其既是西畴走出去的先决条件也是西畴引进来的必然要求，"村村通公路"唤起了村民进行建设的主动性，一方面体现在村民在"村村通公路"政策的激励下积极修路，另一方面则体现在村民在通达的道路上主动发展经济实现脱贫致富。

不过，道路的畅通让外出务工变得畅通，帮助西畴县增收的同时也让西畴县的青壮劳动力迅速外流，乡村中留下的多是三六九群体，这难免会对西畴县的长期稳定发展造成影响。对此西畴人民表现出了一种乐观主义精神，表示"修路是为了走出去，也是为了走回来"。

"易地扶贫搬迁"与"搬家不如搬石头"

"搬家不如搬石头"是20世纪90年代西畴自发的就地脱贫行动,是通过动员县域的内生力量,在一项项以"炸石造地"为主的农田水利建设等工程中凝结出来的解决人地矛盾的脱贫方法。"易地扶贫搬迁"是"十三五"以来由国家主导的一项专项扶贫工程,目的是为已丧失生存条件,无法就地脱贫的深度贫困人口开辟一条生存发展道路。"搬家不如搬石头"和"易地扶贫搬迁"是不同时期西畴脱贫的两种不同路径,前者是国家资源相对匮乏时期,基层面对恶劣的地理环境表现出来的精神韧性与应对智慧,后者是综合国力提升以后的一项民生工程。笔者通过对西畴易地搬迁扶贫点——徐行社区的调查和分析,在了解该社区在生计、住房、医疗、教育等情况的基础上,结合该社区成员对城镇生活和社区管理的看法,试图回答一项由国家主导的搬迁工程在传统上依靠"搬石头"而就地脱贫的县域是如何开展的,社区有何治理举措,当农民因种种原因迁入城镇居住以后,他们的生活状况是怎样的,在城镇化和市民化过程中面临着怎样的困境等问题。

"两不愁三保障":易地搬迁工程的基层落实

西畴的"易地扶贫搬迁"自2016年始承接国家、省、州下达的目标任务,分别于2016、2017、2018三年期间在露新、木夏、橡树等乡镇完成异地安置工作。其中,露新镇的徐行社区在2018年迁入贫困人口423户1725人,是西畴县最大的集中安置点。据该社区居委书记介绍,社区协助当地政府落实了搬迁户"两不愁三保障"的相关举措。在生计方面,社区会统一组织劳务输入、引进扶贫车间、开发公益性岗位、通过门面专设引导经商创业、培训抖音直播的技能等措施激发其"能致富"的内生力。此外,露新镇的刺绣产业也有一定辐射带动作用,搬迁妇女也会主动参加刺绣品的制作,中老年劳动力也通常以"散工""零工"等方式谋取生计。在调查中,笔者了解到住户赵某一家以回收废品为主，据他所说，通常社区内铺面的获得采取竞拍的方式，即以7.5元为底价，最终出价高者胜出。他们家最终以11元/平方米的价格获得了一间铺面的租赁权，一年需要交付不到4000元，但尽管如此，也还是"就连4000元有时候也拿不出来嘞"。在住房方面，国家按照每人25平方米、两人40平方米的比例将房子分发给搬迁户，可终身居住且拥有继承权。今年徐行社区有一户独身搬迁户去世，该房子的继承权便给了第二顺位继承人——他的姐姐。在基本医疗方面，国家给每人每年补助180元，由自己交140元，若住院，费用95%可以得到报销。住户赵某向笔者说到，现在在正规医院住院可报销的费用是90%，但如果在村诊所看病，每月就会有一定报销额度的限制，如果当月报销额度达到便不能再报销。在义务教育方面，该社区的适龄儿童统一被安排到附近的露新镇第二中学就学，并享受相应补贴。据该校的一位语文教师介绍，学校也会根据贫困学生在校吃饭与否给每人每月补贴500元或250元。

徐行社区的少年儿童之家

由于该社区外出务工劳动力较多，为了帮助适龄儿童更快适应城镇生活，该社区自2020年起以"社区+学校+留守儿童"的模式设立了"周末课堂"。在沟通方式上，由社区干部对接学校，学校通知学生的方式，将学生召集起来；在开展方式上，由社区统一提供空间场地，学校动员老师在每周六为学生义务辅导作业。2022年7月，由于广南县的14例和露新镇的2例溺水事件，西畴高度重视全县的防溺水安全教育，并以此为切入口将"周末课堂"改造为"少年儿童之家"在全县推广，由以前的每周开展一次变成每天开展，其课程安排是每天8:30—11:00进行作业辅导，14:30—16:00是文体活动，16:00—16:30是安全教育，每一时段由"1位责任教师+1名大学生志愿者"负责。据老师W介绍，来"少年儿童之家"其实需要很认真地备课，"早上辅导作业还好，下午的一些防溺水、防性侵这些安全教育，其实很重要，每次我们备课都会和其他老师一起商量着，以什么样的方式去呈现，哪里不妥当也需要及时修改。我们来虽然是学校统一安排的，但肯定没有你说的工资，是完全自愿的，不存在不愿意的情况,毕竟也是自己的学生,身为一个老师,你也有这个义务在"。大学生志愿者是由社区负责联系,该社区的大学生一直是居委会追踪和关注的重点,寒暑假开始前,会通过电话沟通的形式动员其参与。据学生孙某介绍,来参与这个活动完全是自由选择,可以来也可以不来,全看个人选择,"但多数人都会选择来,一是确实不是多复杂的工作,也不累,而且这些小孩都是邻里街坊认识的;二是社区也会为我们提供志愿证明,这也是我们参与社会活动的一个积累"。此外,三、四年级的学生向笔者说到,自己也很愿意参加,"下午的文体活动老师会教大家唱歌或者一起玩游戏,比闷在家里好多了"。

"搬迁户的误解":城镇化、市民化过程中的基层困境

访谈过程中笔者注意到,该社区成员对城镇生活和社区管理的态度可根据户口迁入与否大致分为两类,即户口迁入该社区和户口仍留在原居住地的搬迁户,前者通常对搬迁工程有正面的反馈,且积极在城镇中寻求新的谋生手段。后者虽然整体上也同样认同和享受这份优惠,但对社区生活常有不满和抱怨。

户口迁入该地的住户钱某如今在社区入口处摆摊卖水果,她谈道,"国家虽然拆除了以前的旧房,但拆了就拆了,土地还在那里,现在路也好走了,一个摩托车几分钟就到了,可以随时回去看看地里的庄稼,成熟了就拉过来卖,自己吃也行"。另一位住户李某是一位50岁左右的"留守丈夫",妻子和孩子在外打工,他独自留家照看老人,并成功争取到了社区的公益性岗位,负责日常的治安维稳,拿着每月800元的工资虽然也捉襟见肘,但加上妻儿每月寄回来的生活费,也勉强能安稳度日。当谈及为什么选择把户口迁过来,他认为,"户口所在地太远了,将户口迁到镇上办事比较方便,土地离得太远也没有种了。这边生活都挺好的,治安员这个岗位工作量也轻,只要身体健康,有点力气就行,平时基本没什么事儿,大家都很遵纪守法"。

户口未迁入的住户周某同样争取到了社区内的公益性岗位,是一名保洁员,她讲到,现在的生活条件很好,都很满意,但"老家的房子被拆掉了,其实拆掉也能理解,政府有自己的安排,但他们把门

口那口井也挖掉了，我们现在想回去喝口水，夏天那个井里提上来的水，冰冰凉凉的，很甜，现在也喝不着了，就是这件事，每次想起来我心里都不舒服啊"。住户吴某在社区内开了一家便利店，谈及户口迁入的原因和在社区生活的感受，他多有愤懑。他讲到，自己担心户口迁过来就会丧失原有土地的使用权，尽管居委会也一再告诉大家土地还是自己的，并不会改变，但他始终不信任，并谈及其实社区里至少有 2/3 都不愿意迁过来，就是怕土地没了。此外，他还认为，社区内获得公益性岗位的人，都是因为跟社区干部"关系好"，而自己没有"关系"。当问及社区干部的选举情况时，他说，都是人家（居委会）上门来给纸条让你填什么就填什么，都不知道谁是谁，他们选举也是选"有关系的"。

整体来看，其实住户对"易地扶贫搬迁"这项民生工程都非常认可，认为"国家的政策好"，很大一部分抵触情绪都源于对原有土地归属问题的不确信和乡土生活的眷恋。学者徐勇认为，对农民而言，乡土社会不仅仅是地理和社会意义上的界定，更是一种难以替代的文化土壤，延续着在漫长历史中积淀的精神认同[1]。人们世世代代通过与土地的交换获得生存资料，因此土地对于农民而言具有极其重要的意涵。从这个角度也不难理解为什么搬迁户户籍变迁与否会对社区生活有截然不同的态度，尽管仍然对乡土生活怀有眷恋，但从心理上也早已接受了"离开土地"的事实。

尽管居委会一再宣传户口迁入与否不影响原有土地的归属，但群众仍然选择不信任，"他们的说法说变就变，这谁说得准呢"是访谈中住户常有的表达。对于"说变就变"，据住户吴某所言，2019 年居委会动员每户以 1000 元左右的资金入股三光片区猕猴桃种植基地，每年底可得到分红，然而只有 2020 年那一年得到了 300 元左右，其他年份均没有得到。笔者对吴某的说辞持审慎态度，于是向居委会的文书了解情况。居委会在系统里调出了"西畴县 2021 年度村级集体经济明白条"的记录向笔者介绍到，徐行社区入股三光片区猕猴桃

---

[1] 三联生活周刊网站，https://www.lifeweek.com.cn/article/161018，下载时间：2022 年 10 月 19 日。

种植基地的资金是由"沪滇项目"提供,不可能向居民收钱。数据显示,2019年,沪滇办为徐行社区提供了500万元的协作资金,与三光片区猕猴桃种植基地的文山浩弘农业开发有限公司进行合作,协议社区的年度分红比例为25万元,合作年限自2020年1月20日至2024年1月,并由县里的扶贫局和农业科学局共同监管。同时,2020年徐行社区共获得25万元的分红,除却5万元被纳入社区集体经济,其中20万元平均分发给每户,每户300元左右。居委会也表示,2021年确实没有收到分红,为此他们也多次与对方公司进行干涉交流,了解情况,然而并没有得到回复。当问及居委会是否清楚一部分住户的抵抗情绪时,居委会也只是无奈地表示,"基层工作就是这样的,不可能做到十全十美,我们'挂包帮'都会经常入户去了解情况,看看他们有些什么困难和需求,都会尽量去帮助,但他们怎么想的你真的改变不了,也听不懂你在说些什么……上面给了我们很多任务要去落实,只有把该做的做好了"。

从住户的角度来看,是居委会承诺的补贴经常不落实。站在社区干部的角度,已经严格落实了上级的相关规定,尽管出现了问题,也积极去协商解决,但确实不是权力范围内可以解决的。然而这样的"误解"并非个例。

住户赵某提及,以前社区里有许多摆摊卖菜的商贩,但社区为了做"面子工程",应对"上面"的检查,不允许外面的人进来摆地摊,"原本以前这里多热闹的,现在人都没有"。而据笔者了解,居委会的做法是西畴人居环境整治的一项重要内容,是为了维持社区环境卫生、提供舒适住所的一种方式,加之县里为该社区配套了大型超市、快递站、娱乐器材等基础设施,日常需求均可得到满足,可以说是该镇生活条件最好的社区之一。然而住户觉得,去"大型超市"买东西远不如"地摊"方便便宜,也不如地摊热闹亲切,而社区的做法破坏了他们习以为常的生活方式,必然会遭到抱怨。社区则认为,自己按规定落实了搬迁社区的基本生活保障,却仍遭诟病,于是将其归结于"基层工作就是这样的,不可能十全十美"的无奈。

从上述案例中我们不难发现,在土地问题上持有的"不信任感"成为搬迁户与社区干部之间的关系基础,又因"承诺落空"等诸多事件发生后二者沟通渠道的丧失或沟通无效使居民的误解不断加深，并衍生至诸多方面，成为一个恶性循环。搬迁户很难信任基层干部与社区管理，这种不信任归根结底来源于脱离生活了大半辈子的"熟人社会"，面临陌生的城镇生活和管理方式而缺失的安全感。费孝通的"差序格局"为理解中国人"水波纹"式的关系结构提供了独具一格的理论视角，认为中国人往往按照关系的亲疏远近来给自己定位，这也是长期生活在乡土社会的农民惯常的处世思维。中国长期以来的"情理"传统又使一部分住户怀有的满腹抱怨和抵触情绪具备了一定的正当性基础，因此政府和社区干部充分理解的同时，也表示确实无计可施。

然而真的无计可施吗？

搬迁户与社区干部的冲突从根本上来讲是城乡差异形塑了截然不同的思维方式，后者依据"工具理性"管理社区，以"公事公办"的态度最终反复加剧住户的重重误解与不安全感。然而，凝聚社区认同、化解居民矛盾对于维持社区秩序和基层治理至关重要。翟学伟认为，情、理、法是中国人推不开的处世原则，其中"情"更是老百姓惯常性排在第一顺位的逻辑出发点。[1] 文军也认为，对情感的重视是社区治理中不可忽略的维度，个人或者群体的感性的情绪层面弥散在社区中，并且能够通过人们的互动实现迅速扩散与传播[2]。此外，项飚[3]、何雪松[4]、侯瑞[5]、王雨磊[6]、易前良[7]等多位学者也论证过"情感"在基层治理的重要性。基于此，笔者认为，在社区干部遵循

---

[1] 翟学伟：《人情、面子与权力的再生产——情理社会中的社会交换方式》，《社会学研究》2004 年第 5 期。

[2] 文军、高艺多：《社区情感治理：何以可能，何以可为？》，《华东师范大学学报》2017 年第 6 期。

[3] 项飚：《普通人的"国家"理论》，《开放时代》2010 年第 10 期。

[4] 何雪松：《情感治理：新媒体时代的重要治理维度》，《探索与争鸣》2016 年第 11 期。

[5] 侯瑞：《革命、国家与情感——一项有关国家权力情感维度的理论综述》，《学理论》2013 年第 25 期。

[6] 王雨磊：《缘情治理：扶贫送温暖中的情感秩序》，《中国行政管理》2018 年第 5 期。

[7] 易前良：《人情、说服与认同：转型期农村宣传动员的话语分析》，《南京社会科学》2018 年第 8 期。

"工具理性"处理公共事务的同时,也可利用实际所处的生活场域,通过多入户、送温暖、组织娱乐活动等多种形式为社区成员提供"相互脸熟"的机会,为双方搭建充裕的相互了解的公共空间,以"非公事公办"的态度嵌入居民的人情关系网络,也不失为化解重重误解、获取信任、构建和谐社区的可行路径。

"共餐制":熟人社会的生活再现与搬迁户的应对智慧

笔者还注意到,在这份不信任和不安全感之中,未充分城镇化、市民化的农民也有自己的应对智慧。例如原本互不熟识的住户赵某和住户周某两家毗邻而居,经常在一起搭伙吃饭。在一次受邀进餐时,笔者发现他们会在日常闲聊中吐槽社区生活的诸多不顺心。

在乡土社会,"喊人吃饭"是人情往来和生活的常态,人类学家将这一现象称作"共餐制",并将其视作构建社会关系和维持生活秩序的重要手段。从这个角度可将搬迁户的"共餐制"理解为一种安全阀,通过构建熟人关系并将其嵌入日常生活世界,是他们面对陌生的社区管理和城镇生活寻求安全感和自我认同的一种排解方式。

"易地扶贫搬迁"是我国精准扶贫的重要举措,其在基层的有效落实利好国民。然乡土社会长期以来安土重迁的文化惯性让部分搬迁群众对其所处的陌生环境抱有难以消弭的危机感,因而这对搬迁地区的基层管理人员提出了更高的要求,即在保障群众基本物质生活的同时要形塑他们对于新社区的认同感,尽量消除其对于新生活的疏离感。

生态文明建设与石漠化治理

石漠化是中国三大自然灾害(北方沙漠化、黄土高原水土流失和石漠化)之一,在我国西南地区广布,其中云南石漠化问题尤为突出。而文山州全州一半以上土地存在石漠化问题,西畴县的石漠化问题也极大阻碍了其经济社会发展。在治理过程中,西畴县创造性地采用"六子登科"等治理方法,极大地改善了生态环境。本书将简要回顾西畴县石漠化治理与生态文明建设的历史与现在，讨论国家自上而下系统性的生态修复与地方经验结合的治理模式的优势。

"石漠化"（Rocky Desertification）一词，是 1988 年卢耀如院士在第 21 届国际水文地质学家会议上讨论西南地区生态发展问题时正式提出的。现今学界基本都认为"石漠化是基于岩溶喀斯特地貌的土地生产力退化现象"[①]。而喀斯特地貌（Karst Landform），是"地下水与地表水对可溶性岩石溶蚀与沉淀，侵蚀与沉积，以及重力崩塌、坍塌、堆积等作用形成的地貌"。从石漠化面积看，西畴县石漠化面积高达 232.66 平方千米（占岩溶面积 1078.56 平方千米的 21.57%），从石漠化程度看，重度石漠化有 37.81 平方千米，中度有 118.18 平方千米，轻度有 76.67 平方千米[②]。西畴县石漠化面积大、分布广、程度深，是全国石漠化问题最严重的地区之一，曾被澳大利亚专家认为是"基本失去人类生存条件的地方"。"经济发展滞后，生态环境恶化，人民群众生活极端贫困"是 30 年前西畴的真实写照。

石漠化成因及其后果

那么，石漠化问题的成因是什么呢？这主要分为自然原因和人为原因。自然原因层面，首先，岩溶喀斯特地貌是石漠化形成的基础。喀斯特地貌下，地表岩溶化的洞隙和孔隙与地下的岩溶孔隙相连，地表径流迅速下渗，形成水力冲蚀，在水的冲击下，加剧土壤流失。其次，西畴县石灰岩分布面积大，成土速度慢，造壤力差。再次，县内地势起伏大，坡度大于三十度的地区面积较大[③]。最后，这还与降雨因素有关。西畴属于亚热带低纬山地季风气候区，受季风环流的影响和干湿气流交替控制，干、雨季分明。6—8 月主汛期降雨占总量 65%，强降雨形成的径流加剧地表土的流失。人为原因层面，主要

---

① 沈杉：《云南省文山州石漠化问题研究》，硕士学位论文，云南财经大学，2014 年，第 3 页。
② 周玉俊、夏天才、杨妍：《西畴县石漠化现状、形成原因及治理对策》，《环境科学导刊》2013 年第 32 期。
③ 周玉俊、夏天才、杨妍：《西畴县石漠化现状、形成原因及治理对策》，《环境科学导刊》2013 年第 32 期。

有两个。一是"大跃进"期间的大力烧炭使西畴县山林遭到过度砍伐，植被覆盖率急剧降低。比如据县志记载，1958年，全县"大战钢铁"，大办公共食堂，森林遭到严重破坏，有的山林甚至被砍伐殆尽。1962—1965年，在"向荒山要粮"的号召下，毁林开荒，层出不穷[1]。二是乡民们传统砍柴生火做饭的生活方式导致了人们对森林的无节制索取。加上人口的增长，加大对资源的需求，给贫瘠的土地带来了巨大压力。

在这样的背景下，西畴陷入"石漠化下土地不够便毁林开荒，破坏林木下石漠化加剧"的恶性循环。久而久之，发展成为"远近闻名"的"口袋村"。所谓"口袋村"，指村民们一年即使耕种了满坡的粮食，仍然不能满足自身最低生存需要，不得不拿着粮食袋子到其他村进行乞讨。也就是当地民谣中的"石旮旯里刨饭吃，一碗泥土一碗饭，半年粗糠半年粮"的穷日子。由于粮食匮乏，在部分村落甚至盗匪横行，打劫村民粮食，扰乱社会治安。此外，全县近1/3选择外出务工，使西畴县本土发展越发困难。

石漠化治理的自我摸索

而人与自然关系的改善，在20世纪90年代开始。在这个过程中，最突出的特点是"国家自上而下系统性的生态修复与地方经验的结合"[2]。

地方层面，"摸石谷"点燃了炸石造地的第一炮。从此，西畴县人们自发投入石漠化治理。1990年12月3日，在刘登荣、赵文等党员干部的带领下，木者村300多名男女在乱石丛生的摸石谷炸石造地，用炸药、铁锤、炮杆把石缝里的泥土抠出来，用炸出来的石头将地填平。在干部的统一领导与村民自发投入中，木者村生产力逐渐提高，由"口袋村"变成"卖粮村"。其他地方的人们纷纷效仿，极大扩充了耕地面积。他们用勤劳的双手，铸成了道道石埂、石墙，从石缝里造出1500亩"三保"台地。这也成了"西畴精神"的起源。除

---

[1] 云南省西畴县志编纂委员会主编：《西畴县志（1911—1988）》，云南人民出版社2012年版，第163页。

[2] 朱千华等：《绝地求生 从石漠化锁困到喀斯特绿洲的文山西畴》，《中国国家地理》2022年第5期。

了炸石造地，村民们还自发开展植树育林活动。比如，在兆答村，村支部书记田家伟，在全县生态环境修复的初期，率先带领村民植树造林，保护生态。据其描述，兆答村从1978年前后开始便有一个规定，除办丧事外村民不能到山林里砍柴烧火，当需要办丧事时，村里会统一到山里砍柴定量分发，只能找生长不好、歪斜的树木，在当时保护森林已被写入村规民约中。

进入21世纪，全县开始了大规模的生态恢复工程，各地相继开始实施封山育林和退耕还林工程，而这主要是在政府主导下完成的。在生态恢复中，西畴县的"六子登科"综合治理模式备受好评，成为生态治理的典范①。除此之外，西畴县还根据生态地质环境类型进行分区治理②，比如在郜林乡、橡树镇、靖锡乡的部分地区种植中药材及经济林果，在鸣明乡、釜鼎乡进行农业综合开发。将"小流域治理模式、农业生态治理模式、开发式扶贫模式、脆弱生态环境综合治理模式"结合。

政府主导与村民能动性结合进行生态文明建设的另一个例子是"三小园"的建设。2021年，中共中央办公厅、国务院办公厅印发《农村人居环境整治提升五年行动方案（2021—2025年）》，据此，2022年，中共云南省委办公厅、省政府办公厅印发了《云南省农村人居环境整治提升五年行动实施方案（2021—2025年）》，文件提出了"小菜园""小花园""小果园"的改善村容村貌的方式。西畴县主要就是根据该工作线路去开展。比如露新镇，从2022年1月份的时候就开始规划三小园。以花坛建设为例，花坛中的花是村民自己带来的，且在调研中，笔者发现在集体种花的过程中，村民们发现不太美观的地方也会自己去美化它。而在另一些地方，如果不遵守村里的规定，不进行建设是有出资"惩罚"的，通过法理权威进行管理，起到了很好的效果。

此外，在深入西畴江菖村、竹夷村、兆答村以及温土村4个少数

---

① 马忠俊：《弘扬"西畴精神"实施"六子登科"在石漠化地区创造绿色生态家园》，《创造》2011年第5期。
② 周玉俊、夏天才、杨妍：《西畴县石漠化现状、形成原因及治理对策》，《环境科学导刊》2013年第32期。

民族寨子实地调研中，调研人员发现各民族的生态伦理意识对当地生态保护具有重要作用。比如，彝族花保崇拜万物有灵，爱育草木，注重生态保护；壮族人强调人与自然共生等。西畴县的生态修复，离不开各民族的共同努力。

通过干部群众二十年来的不懈努力，西畴县石漠化面积从1990年的1078平方千米下降到现在的433平方千米，森林覆盖率从25%提高到44%，治理效果显著。回顾西畴县的石漠化治理与生态文明建设，不难发现，在石漠化治理初期，主要是依托地方经验，依赖各民族共通的生态修复知识[1]。当有了一定成效后，群众对生态重建的共识也就更加深刻，此时再与国家自上而下系统性的生态修复结合，治理效果将会更加明显。所以，在生态修复中，地方知识与科学知识结合至关重要。西畴县的生态建设经验对其他地区的生态治理具有重要指导意义。

脱贫攻坚的县域实践与创新

消除贫困、改善民生、实现共同富裕，是社会主义的本质要求，也是中国共产党的重要使命。[2] 中国共产党和中国政府历来高度重视人民福祉，大力推进反贫困工作，取得了卓越成就。2015年11月，《中共中央 国务院关于打赢脱贫攻坚战的决定》出台，提出到2020年，确保我国现行标准下农村贫困人口实现脱贫，贫困县全部摘帽[3]。党的十八大以来，党和政府高度重视扶贫开发工作，着重加强顶层设计和整体规划，统筹整合力量和资源，确保如期实现2020年全面消除绝对贫困的目标[4]。

---

[1] 朱千华等：《绝地求生 从石漠化锁困到喀斯特绿洲的文山西畴》，《中国国家地理》2022年第5期。

[2] 习近平：《习近平谈治国理政》（第二卷），外文出版社2017年版。

[3] 《中共中央 国务院关于打赢脱贫攻坚战的决定》，《中华人民共和国国务院公报》2015年第35期。

[4] 王伟涛、高建梅：《基于田野调查和理论分析讲好中国脱贫故事——评〈中国脱贫攻坚调研报告——秦巴山区篇〉》，《农村经济与科技》2022年第9期。

县域实践：西畴脱贫攻坚中的地方自觉

为此，国家出台了一系列的指导意见和规划，而西畴县也在国家的统一部署下发挥了极强的地方能动性：创造了从炸石造地转向石漠岩石综合整治，探索形成"六子登科"石漠化治理模式；从以小水窖建设为主转向"五小水利"工程建设，探索形成石漠化地区"五法治水"模式；从修路保通转向路面提档升级，探索形成"四轮驱动"农村公路硬化建设模式；从单一温饱村、小康村转向美丽乡村建设，探索形成"三美三宜"美丽乡村模式；从夯实基础党建转向创新规范党建，探索形成"十有十强"村（社区）活动场所规范化建设模式；从整治环境脏乱差转向推动乡村生产生活生态融合建设，探索形成"5分钱工程"撬动乡村环境治理模式；从重点打击犯罪分子转向社会治安综合治理，探索形成加强社会道德教化为重点的"发案少、秩序好、乡风文明、社会稳定、群众满意"的"西畴新现象"乡村治理新模式……①

据了解，直到20世纪80年代末，西畴县处在温饱线下的贫困人口仍占总人口的80%以上。而在"十三五"期间，西畴县地区生产总值增加到56.35亿元，年均增长9.0%；人均生产总值增加到21090元，年均增长8.4%；公共财政预算收入增加到2.5亿元，年均增长9.3%；固定资产投资年均增长24.7%，城镇和农村居民人均可支配收入年均分别增长7.6%、9.8%。在脱贫攻坚领域，累计投入财政涉农资金25.6亿元，62个贫困行政村脱贫出列，9929户37303名贫困人口脱贫退出，"两不愁三保障"目标全面实现，贫困群众人均纯收入由2928元增加到12096元，年均增长32.8%。自2018年率先在州内脱贫摘帽以来，西畴县委荣获"全国民族团结进步模范集体"，得到李克强总理亲自颁奖；荣获"全省脱贫攻坚先进集体"；西畴县也被列为全国首批115个县（市、区）乡村治理体系建设试点示范县……②足见上述发展模式的有效性。

---

① 中共西畴县委、西畴县人民政府：《西畴县工作情况汇报》，2021年7月5日。
② 中共西畴县委、西畴县人民政府：《西畴县巩固提升脱贫攻坚成果案例》，2020年版。

中央与地方的共同作用使这片石漠荒山绽放出了"共同富裕"的亮丽花朵。

而在脱贫攻坚的实践中，细细分析国家在场与地方能动，有两个层面的解释：首先是普遍性与特殊性的实践问题，也就是国家顶层设计如何在县域范围内实践的问题；其次是经验性与创新性的关系问题，也就是国家有效经验与地方基层创新如何互相促进的问题，而这两个层面的实现都需要依靠国家与地方的信息交换和经验学习。

顶层设计的在地表达

在第一个层面上，国家顶层设计如何层层下放到县域，又如何在各村实现，笔者认为主要有两点。

第一是党建引领的作用。学者何得桂从宏观层面总结了中国脱贫攻坚胜利经验，认为坚持党的集中统一领导，是中国脱贫攻坚取得成功的根本保证。中国共产党具有强大的政治领导能力、组织动员能力、贯彻执行能力，是前进路上战胜一切艰难险阻最可靠的领导力量，为打赢脱贫攻坚战提供强大政治保障[1]。而在县、乡层面，党的十八大以来，中央权威增强，条线部门的权力也增强，但块块又以政治的名义实现了对条条资源的整合，县级党委政府以脱贫攻坚的名义统领全县经济社会发展、整合条线部门的资源[2]，这既使政令出中南海不变形，又给地方党委政府相当的能动性。在乡村层面，西畴县坚持以党的组织体系全面覆盖领导治理体系，不断把党的政治优势、组织优势、群众工作优势转化成政策资源优势、项目资源优势、人力资源优势，形成不折不扣传输到底、创造性落实到位、及时反馈到点、精准决策到户的一条线传导、一体化运转的神经传导体系，有效提升政策执行效能。坚持以提升农村基层党组织组织力为重点，出台《西畴县农村基层党组织"十有十强"规范化建设工作方案》，搭建"有头雁、强带动，有课堂、强素质，有精神、强动力，有体系、强治理，有经济、强合作，有述评、强沟通，有职责、强网格，有监

---

[1] 何得桂等：《中国脱贫攻坚调研报告——秦巴山区篇》，中国社会科学出版社2020年版。

[2] 杨华：《县乡中国——县域治理现代化》，中国人民大学出版社2022年版。

督、强纪律，有典型、强示范，有整顿、强带弱"为内容的"十有十强"作用发挥平台，最大限度把党员、团员、群众组织起来，构建"公共服务圈""群众自治圈""社会共治圈"，凝心聚力做好"末梢治理"大文章，打通乡村治理"最后一公里"，建设充满活力、和谐有序的新乡村社会。并发挥好党员干部带好头的作用，把落实好"三保障"政策放在重中之重的位置，落实落细脱贫攻坚挂牌督战和省州决战决胜脱贫攻坚百日总攻方案①。

第二是驻村工作队与挂包帮体制的作用。中国共产党和中国政府立足于国内实际，充分发挥社会主义制度的政治优势，整合必要的人力、物力、财力、智力，集中攻克脱贫攻坚中那些"老大难""硬骨头"，确保如期实现脱贫攻坚目标，而在其中受党号召的驻村工作和挂包帮体制发挥了重要作用。西畴县倡导挂包单位做表率，按照工作重点不转移、投入力度不下降、干部精力不分散的要求，动员单位挂包帮责任人深入挂钩的乡（镇）、村开展"两不愁三保障"逐户排查，找准在收入、住房、教育、医疗、饮水保障等方面存在的短板不足，找准解决的措施，及时补齐短板，确保6月底实现所有存在问题"清零"。

地方自觉丰富国家扶贫经验

在第二个层面的讨论，可以"幸福超市"为例。西畴县利用村集体经济收益等进一步拓展延伸幸福超市功能，实现幸福超市有收益。建立健全幸福超市管理制度、考核奖励办法，对正常运营的幸福超市给予50%运营费用补偿，资金来源为社会捐赠、挂包帮单位帮扶、民政救助等，激发群众内生动力。投资455万元在全县9个乡（镇）建设"幸福超市"26个，实现73个村（社区）全覆盖。②"幸福超市"成为贫困群众"道德银行"，激发了他们的内生动力，成为行之有效的脱贫辅助手段。但实际上"幸福超市"并不是西畴县首创，不仅云南省内其他市（州）县甚至我国北方也有类似的机制。

---

① 中共西畴县委、西畴县人民政府：《西畴县巩固提升脱贫攻坚成果案例》，2020年版。

② 中共西畴县委、西畴县人民政府：《西畴县巩固提升脱贫攻坚成果案例》，2020年版。

如学者周鑫宇在《中国政治的细节：一个县的减贫治理》一书中所写的，坐落在我国北部群山之中的山西省忻州市岢岚县就设立了"爱心超市"，也是通过积分兑换制度来分配超市内的物品①。可见以村民表现来换取积分，以积分兑换物品的机制在全国范围内有效，而全国各地为了完成自己的脱贫攻坚任务会自发地相互学习先进经验，并根据自己地区的具体情况作出调整。

从两个层面整体来说，特殊性要与普遍性相适应，就必须根据地区具体情况作出创新，比如西畴县首创的"5分钱工程"。

"5分钱工程"作为云南基层"六小创新"之一，是云南省文山壮族苗族自治州西畴县自主创新的一个典型案例。该工程倡导每个村庄每人每天上交5分钱，每年共计18元钱，用以支持村庄卫生维护，使所有人成为乡村卫生运动的参与者。西畴县持续深入推进"5分钱工程"实施力度，做到所有村小组全覆盖，实现人居环境整治、就业脱贫增收和基层村组自治。累计兑现"5分钱工程"奖补资金540万元，带动1705个村小组自愿缴纳环境卫生保洁费390万元，提供就业岗位1908个，"5分钱工程"村小组覆盖率98.27%，带动1000多个农村家庭特别是贫困家庭户均增收近3000元。虽然难以对"5分钱"工程的产生和推广过程进行完整的还原，但有一点可以肯定——它是在村里通过实践总结后提出、再由县里总结推广的，这一过程既体现出普遍性与特殊性的上下联动，又体现出经验性和创新性的有效结合。

此外，西畴县还运用"西畴精神"激发村民们脱贫的内生动力，这体现中国在脱贫攻坚道路中重视"输血"式扶贫与"造血"式扶贫的双重作用，也是西畴县脱贫攻坚顺利成功的重要秘诀。

乡村振兴与产业发展

2022年10月16日，习近平同志在党的二十大报告中强调"坚

---

① 周鑫宇：《中国政治的细节：一个县的减贫治理》，中国人民大学出版社2022年版。

持农业农村优先发展，坚持城乡融合发展，畅通城乡要素流动"。①此前，中共中央农村工作会议也明确了实施乡村振兴战略的目标任务：到2035年，乡村振兴取得决定性进展，农业农村现代化基本实现；到2050年，乡村全面振兴，农业强、农村美、农民富全面实现②。

现阶段，全国上下各级政府都在努力实践乡村振兴战略，其中各有侧重，各有成就，本文选取的西畴县便是其中之一，其通过自身的努力逐渐从"小县""弱县"成为"明星县""强县"。

乡村振兴：脱贫攻坚后的接续作为

西畴县位于云南省东南部，文山壮族苗族自治州中部偏南，县域面积达1506平方千米，99.9%属于山区，裸露、半裸露岩溶地貌占75.4%，曾是全国石漠化最严重的地区。时光退回30多年前，"经济发展滞后，生态环境恶化，人民群众生活极端贫困"是当时西畴的真实写照。西畴县位于大面积岩溶地区，溶隙和洞隙较多，水土容易流失，使农作物种植难度大，同时由于喀斯特地貌本身的特殊性，一旦生态环境遭到破坏便将很难恢复，从而使西畴石漠化程度雪上加霜。面对经济基础薄弱和生态脆弱的境况，西畴人没有选择向贫困和石漠化妥协，反而向石漠化开战，向贫困开战。

与石漠抗争、向贫困宣战。依托"等不是办法，干才有希望"的"西畴精神"，西畴人不断苦干实干，从石旮旯儿里劈出了一条脱贫路。2019年4月，云南省宣布西畴县达到脱贫标准，退出贫困序列。尽管提早一年之久实现脱贫攻坚任务，但先干、苦干、实干的西畴人并没有止步于此，反而继续投身奋战于乡村振兴的征途之上。

乡村振兴包括产业振兴、人才振兴、文化振兴、生态振兴、组织振兴，"先干、苦干和实干"的西畴人在乡村振兴路上做出了一系列实践。

---

① 求是网网站，http：//www.qstheory.cn/yaowen/2022－10/17/c_1129067786.htm，下载时间：2022年10月30日。

② 中华人民共和国农业农村部，http：//www.moa.gov.cn/ztzl/ncgzhy2017/zxdt/201801/t20180103_6133748.htm，下载时间：2022年8月7日。

人才振兴：西畴县开展"万名人才兴万村"助力乡村产业振兴；同样各地各部门驻村干部，驻村工作队，驻村第一书记纷纷引领资源助力乡村振兴和人居环境整治。

文化振兴：龙潭乡桦地村村委会组织少数民族联合开办传统民族节日，促使传统民族文化的振兴和群众精神生活质量的提升；"西畴精神"展览馆重新修缮，"西畴精神"舞台剧等一系列举措带动了"西畴精神"的传播，让更多人听得到"西畴精神"的故事。

生态振兴：西畴人探索并继续推进"六子登科"石漠化治理模式，即"山顶戴帽子""山腰系带子""山脚搭台子""平地铺毯子""入户建池子""村庄移位子"；大力建设自然保护区，诸如小桥沟国家级自然保护区等。

组织振兴：西畴以党组织引领各方面，充分发挥基层群众和基层精英的作用；宽鸿村依托"党建+实际（保留原生态、需要、取材）+设计+激发群众内生动力"来规划游览路线，发展旅游产业；邻林乡兆答村的人居环境整治由村小组长充分发动村内群众参与，党员带头，群众响应，纷纷出资出力，参与到本村公共事业的建设之中。

对于产业振兴，在党的十九大报告提出的"产业兴旺、生态宜居、乡风文明、治理有效、生活富裕"乡村振兴总要求中，产业兴旺是基础，只有产业兴旺，农村才能重现盎然生机，乡村才有可能振兴。否则，在农业在国民经济中所占比重越来越小的背景下，没有产业支撑，乡村只会越来越凋敝[①]。

现阶段，西畴产业振兴还处于十分初级的阶段，其大体有两方面的原因：一方面是由于村民总体的思想较为传统，接受新事物的适应期较长，现阶段乡村产业内容仍以传统的养种植业为主，形式则是传统小农为主；另一方面则是乡村的资金较匮乏，其表现为乡村居民长期以养种植业为主，可投入资本较少，且基层政府财政较为紧张，可提供的补助也是杯水车薪。因而产业兴旺在现阶段必须要有所侧重，在实地调查中调研组发现，西畴走出了一条绿色产业和民族特色产业协同发展的道路。

---

① 孔祥智：《产业兴旺是乡村振兴的基础》，《农村金融研究》2018年第2期。

产业振兴：绿色产业和民族特色产业共筑美丽乡村

近年来，饱受贫困之苦的西畴人主动投入产业振兴的进程之中，2022年，西畴县内产业蓬勃发展，各行各业百花齐放，在每一个农户都没有落下的同时涌现出不少致富带头人和龙头企业，例如养殖"八角飘香鸡"的高兴龙、加工"万寿菊"的厚朴村以及种植猕猴桃的浩弘农业有限公司等，无论自上而下，抑或是自下而上都在努力实践乡村振兴战略。但明白石漠化之害的西畴人同样没有忘记保护西畴得来不易的生态环境，更明白保护生态环境的重要性。

进入新时代，西畴县以"两山"理念为指引，争当高质量绿色发展排头兵，实施可持续发展战略，持续巩固脱贫攻坚成果，接续推进乡村振兴。西畴县坚持把绿色生态作为发展的根本依托，发展绿色农业、绿色工业和生态旅游业，深化供给侧结构性改革，推动第一、第二、第三产业深度融合发展，培育形成了多种模式的新产业、新业态，着力构筑绿色发展"绿三角"。

西畴县坚定不移走生态优先、绿色发展之路，将环境治理后的生态优势转化为经济优势，全力发展绿色产业，促进生产方式和生活方式全面绿色转型，走出了一系列具有西畴特色的乡村振兴模式，诸如釜鼎乡茶珦村和培正村因地制宜发展古树茶产业，两村同为古树茶产地，但茶珦村由于古树茶分布较为密集，所以选择发展"茗"主题村庄，依托古树茶和建设线下体验地发展观光旅游；培正村则选择茶厂加工，依托古树茶深加工带动产业振兴。

在县域绿色产业发展进程之中，西畴县根据国家"铸牢中华民族精神共同体意识"的指引，充分发挥地方基层的能动性，依托自身少数民族和少数民族文化，大力发展地方民族产业，走出一条地方民族产业振兴路，为全国各地民族地区产业发展提供经验、指明方向。

西畴独特的自然环境孕育了少数民族人民多姿多彩的传统文化，目前共有33项文化名录经各级政府公布为传统文化保护名录，其中国家级保护名录2项，省级保护名录2项，州级保护名录18项，县级保护名录 11 项；另外，全县共有国家级非物质文化遗产代表性项目传承人 2 人，省级代表性传承人 4 人，州级代表性传承人 31 人，县级代表性传承人 8 人。各类少数民族节日众多，诸如壮族的"女子太阳节"、彝族"火把节"、壮族"花米饭节"、彝族花倮"荞菜节"、苗族"花山节"、瑶族"盘王节"等。

  西畴县依托这些丰富的少数民族文化和节日大力发展地方民族产业，包括少数民族手工业、特色民族旅游和乡村治理制度等。诸如，西畴县露新镇虹灵刺绣厂位于露新镇嘉旅村，于 2005 年注册为个体经营户，随着生产经营规模不断扩大、市场销售渠道不断拓宽，2013 年注册登记为小型独资企业，积极加强民间传统手工刺绣技艺的传承、挖掘、整理和设计，以全新的民族文化理念融合现代企业管理和工艺表现技法，加强对独具特色的抛花刺绣进行保护性开发，逐渐成为传承民族文化，发展民族经济的民族团结进步示范创建典范。再如，西畴出现众多的少数民族特色村庄，西畴龙潭乡桦地村欢度彝族苗族火把节，响应国家构建"中华民族共同体意识"的指示，让彝族、苗族、汉族等多民族参与到火把节的开办之中，修建各民族共用的广场和彝族展览馆，通过恢复传统节日和仪式来吸引游客，发展旅游产业。

  西畴县将县域内的少数民族资源充分利用，充分发挥基层群众的能动性，构建少数民族手工业、少数民族特色村庄和特色民族节日旅游等特色民族产业带动县域经济的发展，使少数民族资源成为助力西畴乡村振兴的重要助推器。

  "产业兴旺、生态宜居、乡风文明、治理有效、生活富裕"是乡村振兴战略的总要求，寄托着人民群众对美丽乡村的美好愿景。产业兴旺作为乡村振兴的基础是实现上述要求的牛鼻子。西畴县作为曾经饱受石漠化肆虐的民族地区，选择什么样的产业至关重要。目前看来，西畴县依托本地已恢复的生态环境，变绿水青山为金山银山，又把金山银山打造为锦绣河山，取得了丰硕的生态发展和产业发展成就，同时又依托独特且丰富的民族资源走出了一条民族融合和产业发展的特殊路径，是边疆民族地区乡村振兴的典范。

沪滇项目

东西扶贫协作属于我国农村扶贫格局中专项扶贫、行业扶贫、社会扶贫"三位一体"大格局中社会扶贫的重要组成部分，也是"两个大局"战略思想第二阶段的重要体现，即：东部沿海地区要拿出更多力量帮助中西部地区加快发展。沪滇合作是东西协作的一个重要组成部分，并且在多年的实践中是东西协作战略效果最显著的案例，是全国东西扶贫协作的典型经验。[1] 上海市虹口区从1996年起，与西畴县结对帮扶，至今已二十余年。目前西畴正处于城市发展与乡村振兴融合推进的关键时期，两地通过组团帮扶畅通虹口与西畴两地资源共享的绿色通道，将虹口经验与西畴特色结合叠加，发挥沪滇协作的最大效应[2]。

沪滇办：对接两地的管理机构

西畴县负责东西部协作与对接的沪滇项目的组织是西畴县沪滇办，沪滇办办公室目前共有3人，办公室近三年主要由2019年至2022年从上海市虹口区来西畴挂职的副县长领导，挂职领导的在西畴挂职的周期一般为3年。

沪滇办是一个相对独立的部门，不仅与政府的各个部门相区分、资金相对独立，而且较少地与其他援助项目有合作。究其原因，与各个部门工作重心可能不太一样，在某一具体项目当中的主体责任也不好明确相关。

沪滇办需要面临两方面的考核，即上海方考核与国家层面的考核。为了抓好过程与项目的管理，沪滇办从制度方面入手。其一，出台关键办法，对资金使用作出详细规定。其二，编制年度《东西部

---

[1] 陈忠言：《中国农村开发式扶贫机制解析——以沪滇合作为例》，《经济问题探索》2015年第2期。

[2] 上海市虹口区人民政府网站，http://www.shhk.gov.cn/jzfp/031001/20211221/06274cd9-7481-4353-ae91-3c3eca9823d9.html，下载时间：2022年10月12日。

协作工作任务分解》，将年度工作分解为组织领导、人才支援、资金支持、产业合作、劳务协作、携手奔小康、创新工作等七个方面。其三，要求有项目的乡镇、单位主要领导在年初签订《沪滇协作目标责任书》，并将每年沪滇工作考核结果纳入县委对部门、乡镇党政领导的绩效考核。其四，出台《西畴县沪滇协作项目进度"红黄绿"预警》，对项目的实施进度、资金进度进行分类管理，将结果全县通报，在会上研究讨论。其五，引入专业第三方工程造价咨询单位对全年的全部项目进行全业程造价控制。

在考核方面，沪滇办目前遇到的困难主要集中在高层领导互访汇报工作进展方面。每年基本上是到下半年西畴县当地的主要领导才会去上海进行一个互访，因为每年基本上项目只有到下半年才能有一个成效。之前西畴沪滇办被通报说西畴的主要领导不积极去上海进行情况对接。虽然高层互访汇报项目进度是把领导之间互访次数作为考核指标，但也会被上海方说不积极，会让西畴县里比较难受。

资金支持：政府力量与企业力量的整合

沪滇协作的资金与县里财政是相对独立的。援助西畴的资金来源由三部分组成，占大头的是上海市政府市级财政，每年有三四千万，除此之外，上海区人民政府区级财政能够处理协议外项目资金、补小短板，每年有两三百万，来西畴本地挂职的副县长本身带有一些资源，能争取到一些社会帮扶，引导一些企业投资落地，并和村委联系实行村企联合，每年能争取到几百万左右，这些钱一般都是能够投到公共基础设施这一块的，因为成效切实可见。2019年至今，共投入市级财政资金1.37亿元及区级财政资金1654.8万元，引入上海新增产业合作资金3046万元。

对上海企业而言，其一方面可以完成"政治任务"，另一方面像西畴稳定的乌骨鸡、巴西菇产业每年效益好的话有分红，不过具体的分红比例是当地政府和企业"博弈"，沪滇办并不过多干涉，沪滇办主要起到牵线、给钱、负责基础设施建设（例如三光猕猴桃的水利设施）的作用。

除了挂职西畴的副县长本身能带来一些资源外，西畴县领导也去各地进行高层互访，为当地跑项目，但效果不是很好。因为上海对全国各县的援助资金池是固定的，各县均分，县领导能争取的空间不大。

人才交流："请进来"与"走出去"的交流模式

"请进来"指的是将虹口区的干部人才引进西畴。一般"请进来"的人有公职人员、支教老师和支医医生这三类，目前还没有科技方面的技术人员。公职人员方面，每个部门之间有签订协议、专门对接，比如上海的司法局对口对接，部门结对的好处是能将上海的工作经验分享到西畴。来的支教老师分为或一学期（一年能派2批）、或半年、或一年三种情况；而支医医生分三四个月为1批，每年最少有1批医生是从上海一些比较有名的医院派过来做一些义诊或做副主任医师。援滇的干部人才能在原单位工资保障上获得一些生活补贴。除了教师和医生，像2021年还有过来帮助推进这个项目完成年底考核要求的3个人。

"走出去"指的是将西畴的干部人才输送到上海进行培训、锻炼。例如县扶贫开发办派出一名党政干部到上海虹口区进行1年的挂职锻炼，组织部发起当地的村干部培训，人社局组织致富带头人人员培训等。

产业发展："乡镇统筹+项目制"的工作方式

在产业发展方面，沪滇项目着重从猕猴桃、乌骨鸡、古树茶，露新产业园区、透源产业园区及东升、盘星等文旅产业入手，给予资金政策支持。这些产业项目又是如何被选择出来的呢？

当地的百姓一般不会知道有上海协助资金这一种渠道。如果他有想法想做一个项目，会和当地的政府领导提出来，然后当地的政府会根据他的说法去实地考察一下。如果当地的政府觉得不错，可能会想到这个项目可以申请上海协助资金或者是其他资金，如果觉得这个项目上海资金来做的话比较合适，就由乡政府牵头把这个项目申报到沪滇办。

如果说申请者是一个村的公职人员，而且他能在当地有一个领导性作用，他也会给当地的一些百姓进行宣传，当地的百姓也会比较清楚这个项目。一般村里的申请者不是以个人的身份来申请，而是作为一个村民代表对上海资金进行申请，来作为一个当地项目打造的资金渠道。

至于一个项目从申报到拿到资金的时间，对于在计划内的项目，如果是2022年的项目，项目申报基本上从2021年10月份左右沪滇办就会要求各乡镇上报明年需要投资需要援助的项目，沪滇办筛选并汇总后会报给上海方，然后上海方确定这个项目可以投资的时间是在2022年2月前后，上海方会于3月份到4月份发正式的文件。随后差不多有一个月资金会发放，比如说上海方3月份发的文件，可能资金4月份就已经到了。计划内一般针对的是比较成熟的项目，一般不会更改。除此之外，每年在规定计划资金之外还会有两三百万的额度给予计划外的项目，这一笔资金较为灵活。近两年有一些计划外的人员培训项目，但这一类项目的申报与领导的非正式关系会有些相关。

其中，西畴县内部的项目上报会把乡镇政府作为一个主体，而不是直接和这村村民进行对接。沪滇办认为这样不仅能减少工作负担，而且由当地的政府统筹来做这个事情会很专业，当地的政府会比沪滇办更了解当地的情况。缺点是有一些当地分管项目的领导可能对基本情况不太熟悉，责任心不是很强，这样的领导在听取了当地村民项目的意愿之后，没有经过很严谨的考虑就报到沪滇办，沪滇办认为项目不可行，就把这个项目砍了，沪滇办一方有时也会觉得很难为情。但目前沪滇办认为各个乡镇的领导都还是蛮负责、蛮有专业素养的，很多项目也是靠当地领导申报了之后才落地的。

沪滇办对项目申报的审核主要兼顾项目的可行性、收益性、对村民带动的社会效益三方面进行评估。具体而言，其中绩效指标分为三个方面，即产出指标、效益指标和满意度指标，其中产出指标分为数量指标、治理指标、时效指标和成本指标，效益指标分为经济效益指标、社会效益指标、可持续影响指标，满意度指标即为服务对象满意度指标。

项目在申请到资金后，会先进行网上招标、施工公司竞标、签合同等环节。这里会涉及施工主体单位的确认，例如某个项目在一开始会涉及有关农民征地问题，那么责任单位就在当地的乡镇政府，后来涉及水利建设规划，责任单位就在水务局。项目资金一般是采取"先做后拨款"，例如在某一项目完成进度40%后会有团队进行审核，通过后沪滇办将拨予其不多于40%的金额款。

沪滇协作：政府主导下多元整合的扶贫机制

学者陈忠言认为中国政府的扶贫成就不能归结于中国经济的普遍增长与政府的积极；政府、市场、社会方式同时发挥作用，各种方式之间的整合广泛存在，在整合中政府处于主导地位是中国扶贫机制的特征[①]。以"上海虹口—云南西畴"为案例的沪滇协作中体现政府内部、政府对市场、政府对社会的整合。

政府内部的整合，一方面需要部门之间的横向配合，例如在沪滇项目的监督实施过程中因项目的方向、进展，需要联络不同的部门，落实不同的责任主体；另一方面也需要通过成立沪滇办的形式实现两地的地方政府间的整合，在具体的实施层面，区县结对帮扶和派驻援滇干部机制是整合的重要保障。政府对市场的整合体现在作为市场主体的企业在沪滇项目中的积极参与，例如沪滇办引入了上海市属企业太平洋保险公司，根据人社局所提供的名单对接企业为贫困户买单"防贫保"。政府对社会的整合指的是广泛的社会动员，其中包括调动作为"社会主体"的个人、家庭、不同于政府和企业的一切组织的能动性，也包括社会资本和社会机制。例如干部通过挂职副县长的自身优势，充分发挥桥梁作用，募得社会捐赠近500万元，用于"希望澡堂"建设、学生视力健康、助学金发放等基础设施，医疗诊治、义务教育等短板补缺。

通过上面整合的维度我们可以发现，东西协作中的参与主体是多元的，有政府、企业、社会组织、个人，而政府作为最重要的参与主体会以不同的形式参与进来。以"上海虹口—云南西畴"为案例的东西扶贫协作，体现出中国政府利用其相比于西方"小政府"的

---

① 陈忠言：《中国农村开发式扶贫机制解析——以沪滇合作为例》，《经济问题探索》2015年第2期。

"绝对优势"及"政治权威"进行多元整合，以独具特色、颇有效力的方式协调东西部地区利益，缩小地区间的贫富差距。

爱国卫生运动与乡村卫生环境现代化

爱国卫生运动是由毛泽东、周恩来等老一辈无产阶级革命家开创的一种具有中国特色的卫生工作方式，是人类卫生工作的伟大创举①。1952年3月，中央爱国卫生运动委员会成立，标志着全国性的爱国卫生运动正式启动②。时至今日，爱国卫生运动开展了除"四害"行动、"两管五改"工作、"五讲四美三热爱"教育、九亿农民健康教育行动、"三讲一树"活动、卫生城市创建、健康城市建设、倡导文明健康绿色环保生活方式等实践探索③。2010年全国爱国卫生委员会决定开展"全国城乡环境卫生整洁行动"，经国务院同意，向各省、自治区、直辖市爱卫办印发了《2010—2012年全国城乡环境卫生整洁行动方案》，希望通过综合整治环境卫生、宣传健康环境理念，着力解决城乡环境脏乱差问题，大力加强城乡特别是农村的环境卫生基础设施建设，逐步建立完善环境卫生管理机制，推动环境卫生管理城乡一体化进程，进一步提高城乡居民卫生意识、健康素质和生活质量。

2018年2月，中共中央办公厅、国务院办公厅印发《农村人居环境整治三年行动方案》，国务院发展研究中心农村部研究室主任伍振军认为整治行动方案实施的三年间，通过加大政府投入，调动社会力量，发挥村民主体作用，目标基本实现④。政府、社会、村民三大力量也正体现国家在场与地方能动的作用，政府主导是国家在场的体现，而想要正确成功地调动社会力量则需要发挥地方的能动性，发挥

---

① 李晓丰：《新时期四川省爱国卫生发展研究》，民族出版社2018年版。
② 杨砚池、刘圣欢：《爱国卫生运动的中国经验：生成与新进展》，《大理大学学报》2022年第9期。
③ 周小华：《爱国卫生运动70年的经验与启示》，《中国人口报》2022年8月10日，第3期，DOI：10.28125/n.cnki.ncrcb.2022.001231。
④ 中国经济网网站，http://views.ce.cn/view/ent/202205/13/t20220513_37576885.shtml，下载时间：2022年10月30日。

村民主体作用则是地方能动性在乡村一级的具体实践和表现。

爱国卫生运动助力乡村振兴

在开展爱国卫生运动的 70 年里，西畴县在国家、省、州各级的领导之下，统筹推进脱贫攻坚与乡村振兴有机衔接，将农村危旧房改造、易地扶贫搬迁等政策并入乡村人居环境整治政策，协同推进乡村住房条件改善与人居环境提升。农村人居环境治理提升既是西畴县发展的必经之路，也是乡村振兴的重要组成部分。建设"美丽县城"，是打造"美丽西畴"最现实的战略选择，是推动西畴经济社会高质量发展的核心要义。西畴县委、县政府审时度势，因势利导，深入学习浙江省"千村示范、万村整治"建设美丽乡村的经验，大力弘扬新时代"西畴精神"，以建设"美丽县城"为引领，统筹推进环境美（塑造既有青山绿水，又有净美人居的人间美景）、生活美（创造既有现代文明，又有田园诗意的乡村品质）、产业美（培育既有特色鲜明，又有新兴业态的富裕经济）、人文美（讲好既有乡愁古韵，又有乡风文明的时代故事）、治理美（既有党建引领，又有"三治"融合的乡村善治）的"五美"乡村发展[①]。"十四五"时期，要接续推进农村人居环境整治提升行动，重点抓好改厕和污水、垃圾处理，健全生活垃圾处理长效机制。2021 年 12 月中共中央办公厅、国务院办公厅发布的《农村人居环境整治提升五年行动方案（2021—2025 年）》，正是 2018 年 2 月《农村人居环境整治三年行动方案》的升级版。而在该背景下，西畴县继续在省委省政府、州委州政府的领导下进行"七城创建"和"绿美"家园建设。

厕所革命在边疆

在国家行动和地方行动实践中，笔者发现西畴县具有延迟性与后进性的特点，以厕所革命为例，该项目与美丽乡村建设、村庄环境整治、城乡环境卫生等活动相互配合，历时长、任务重，以项目拆解运

[①] 中共西畴县委、西畴县人民政府：《西畴县巩固提升脱贫攻坚成果案例》，2020 年版。

动并步步完成运动的方式来进行建设。而在这其中，代表国家行政力量的县乡政府部门又是如何与各乡村在场，而各乡村又是如何能动的呢？这关系到西畴县厕所革命的工作流程。

在釜鼎乡藤柴村村委会，我们看到了村委会所制作的"厕所革命"台账，台账中用照片的形式记录了农户家中厕所的前后变化以及施工中的化粪池情况。西畴县的爱卫办会定期进入各村检查改厕工作，需要这些台账来检查自己未在场时的工作状况。爱卫办不仅起监督的作用，还会对村委会成员进行培训，告诉他们关于改厕的基本知识，如这个地方怎么改造、适不适合改造等。随后就由村委会人员负责到农户家一户一户的对其厕所进行改造讲解等。等到检查时，县里爱卫办的工作人员还会与村委会一起到农户家中查看，对改厕效果进行评定和打分，而只有改造成功的农户才可获得补贴。这是县级部门对厕所革命项目的直接管理，借助村委会的力量来完成项目。

而税费改革后，国家资源下乡主要以项目制的形式，脱贫攻坚与乡村振兴作为全国范围内的运动，其实现也是以拆分各个项目来逐步完成的形式。在西畴县这一先天条件极差、又在全国范围内落后的区域，要想实现经济发展，实现脱贫和乡村振兴的后天赶超，必须得严抓严打，这给基层工作人员带来了很大压力。荣敬本曾在其研究报告《县乡关系的政治体制改革：如何建立民主的合作新体制》中提出压力模式的县乡关系，"所谓压力型体制，指的是一级政治组织（县、乡）为了实现经济赶超，完成上级下达的各项指标，而采取的数量化任务分解的管理方式和物质化的评价体系。为了完成经济赶超任务和各项指标，该级政治组织（以党委和政府为核心）把这些任务和指标，层层量化分解，下派给下级组织和个人，责令其在规定的时间内完成。然后根据完成的情况进行政治和经济方面的奖惩。由于这些任务和指标中一些主要部分采取的评价方式是'一票否决'制，所以各级组织实际上是在这种评价体系的压力下运行的"。[①] 乡委乡政府官员在这种压力体制之下，为了完成县上规定的指标，依靠挂包机

---

① 《县乡人大运行机制研究》课题组：《县乡关系的政治体制改革：如何建立民主的合作新体制》，《经济社会体制比较》1997 年第 4 期。

制和一竿子到底的工作法，又直接对村委会施加压力。笔者在釜鼎乡某村时，就曾观察到乡党委副书记直接对村委会工作人员下达卫生厕所工作指标，要求其必须完成，忽略了地方的实际能力。

　　西畴县的环境卫生建设依托于国家项目的支持取得了丰富的成果，并形成了自己的发展模式，实现了国家与地方的有效合作。但是我们也不能否认，因为部分建设项目的沟通渠道的不健全，导致上下级之间信息不对称的情况出现。对于厕所革命来说，其本身的出发点利国利民，但是一竿子到底的高压监督体制难免会造成地方政府的压力。

（执笔人：梁兆哲、李文哲、陈婧璇、安龙凯、李会泽、高思蓉）

持续之能

基层治理作为国家治理体系的重要构成部分,既要作为"代理层"落实国家治理、地方治理的既定任务,又要在基层民主实践中充当"保护层"的角色。"西畴精神"对基层干部有着激励功能,在这一精神线索下,调研组将调研场域分散在县、乡、村三级,在《县域层面的条块联合》一文中深入县委、县政府各个部门,在"西畴精神"情景剧、"挂包帮"等案例中分析了县委政府如何整合部门资源,从而达到"条块合一"的状态。在《县乡的有效衔接》一文中扎根乡镇一级,结合易地扶贫搬迁、返贫检测、人居环境改造等由国家主导的工程项目,分析了县乡之间如何进行有效衔接。对于村一级,在《乡村能动性》一文中考察了村干部、村民两种不同身份在村级治理中扮演的关键角色。县乡村三级治理的具体情形不仅是本章谋篇布局的重点,也是调研团队在田野中的方法论考量,即以 2—3 人为一组的形式将调研员分别放至县、乡、村三级,不仅纵向对比了三级治理的工作重心,也进一步从横切层面深入了解了基层治理的真实图景。

持续鼓舞的精神动力

当调研组将"'西畴精神'对你以及你的工作意味着什么?"这一问题拿去问西畴各级干部时,他们的回答各不相同,但又都有迹可循。有的干部会从 20 世纪 90 年代西畴"炸石造地"、开山修路或者 50 年代侬惠莲探索互助组的故事开始讲起,有的干部会从他们自身工作开始讲起。他们讲的"故事"各不相同,但能发现都是利好群众、能得到群众认可的事情,或许这就是"西畴精神"对于他们的意义。这也启发了笔者试图探寻"西畴精神"何以能够作为一种精神动力持续鼓舞一代又一代西畴人时,可以将其转换为"西畴精神"持续不断的合法性从何而来,或将其进一步转化为更为实质的,西畴政治发展实践遵循的逻辑是什么。

学者林尚立认为,从政治必须满足社会发展的需求出发,任何政治体系的稳定与有效运行需要两大基本要件:一是政治体系是否能够为经济与社会发展创造条件,即政治的有效性;二是政治体系的特性与作为是否能够得到绝大多数民众的认同,从而被人们视为应该接受并自觉服从的权力与制度,即政治的合法性。不论从哪种路径出发,政治发展都必须同时考虑政治体系的有效性和合法性,所不同的是在累积有效性与合法性的策略安排上。而中国选择的是从政治有效性出发形成的政治发展路径[1]。随后他指出,政治体系的有效性是其能力与效度的统一,可以体现在三个方面:一是作为基础和前提的政治体系结构与功能的自我完善能力,二是作为作用发挥的核心的政治体系保障和推动经济与社会发展的能力,三是作为作用持续关键的政治体系预防危机和驾驭风险的能力。政治体系这三个方面能力的强弱,直接关系到政治体系在民众中的权威与形象,直接影响其获得社会认同、赢得合法性资源的基础与空间[2]。

中国政治发展的实践就是在这个逻辑中展开的,西畴也不例外。稍有不同的是,笔者认为"西畴精神"发展的逻辑是从"预防危机和驾驭风险"开始,在发展的过程中实现"结构与功能的自我完善",但从始至终都能落脚到"保障和推动经济与社会发展"。

不论是 20 世纪 50 年代侬惠莲的故事中陷入瘫痪状态的东升合作社,抑或是 90 年代因石漠化严重、难以生存而举家搬迁的鸣明乡 10 多户人家,"西畴精神"就诞生于政府需要去预防危机、驾驭风险的

---

[1] 林尚立:《在有效性中累积合法性:中国政治发展的路径选择》,《复旦学报(社会科学版)》2009 年第 2 期。

[2] 林尚立:《在有效性中累积合法性:中国政治发展的路径选择》,《复旦学报(社会科学版)》2009 年第 2 期。

阶段，当党和政府在50年代把一个混乱的合作社重新整顿好，在20世纪90年代通过"炸石造地"将农田水利等基础建立起来，西畴县委和政府就因其有效性获得了合法性。当党和政府决定要将这些成果总结为"西畴精神"时，"西畴精神"就获得了其原始的合法性与影响力。

而不同时代，党和政府面临的难题各不相同，所采取的应对措施也并不相同，所凝练的"西畴精神"的内涵也会因时而变。例如以2020年为界，党和政府的工作重心从"脱贫攻坚"转向"乡村振兴"，与之对应的目标也从消除绝对贫困到实现农业农村现代化，相对应的组织机构也从"扶贫办"变身为"乡村振兴局"，工作安排也发生了很大的变动。但不论是哪一阶段，党和政府保障经济与社会发展的安排不会动摇，"西畴精神"就可以通过不断汲取新主题、新事件、新人物等方式持续获得其合法性与影响力。

由此可见，"西畴精神"能够持续鼓舞一代又一代各级干部的逻辑实质在于中国政治发展的逻辑，而中国政治发展的实践逻辑在于从有效性中累积合法性，而有效性的核心在于能保障和推动经济与社会发展的能力。

县域层面条块联合的观察

"块块"联合的两种模式

"块块"联合指平级机构之间的横向联合，西畴通过工作专班模式和指挥部模式实现各部门力量整合的效果。

2022年7月13日晚，"西畴精神"原创情景剧"记忆西畴——大山之光"在西畴会堂成功演出，该剧对"西畴精神"寻根溯源，关注"西畴精神"诞生过程中的主要事件和人物，从"批示之光—精神之魂—无穷之路—振兴之梦"四个篇章展现了"西畴精神"的诞生和发展，获得了县内外观众的一致好评。

西畴情景剧的大获成功，与西畴县各部门的协作配合密切相关。一般来说，部门配合主要采取设立工作专班和成立指挥部两种模式。

工作专班是指为某项工作特意组建的一个制班组、班次，一般来说处级担任专班班长，主责部门担任副班长，从不同成员单位抽调专人负责这些领域的工作。[1] 指挥部同样是类似的为某项大型项目的推进而设立的临时机构，处级领导担任指挥长，县人大、政协的一名处级领导担任副指挥长，从各个部门抽调相关职员负责具体业务。[2]

情景剧的筹备模式是工作专班模式。与以往相比，这次筹备的特别之处体现在两方面。一方面，横向上多部门融合加强。宣传部秉持打造文化精品需要"多部门、强力度、到一线"的工作理念，融合了教体局、融媒体中心、文联、文工队（党校）、弘扬办、电信等部门，以开策划会、筹备会的形式进行部门间资源整合。整个情景剧的前期筹备花费了约一个月的时间，在筹备临近的一个月内开了至少15次的会，各部门代表也需要到现场进行调整，以保障情景剧高质量展出。另一方面，纵向上部门参与程度加深。据融媒体中心有关人员透露，以前融媒体中心只需要做好宣传工作，而现在需要参与策划。如果做好宣传工作是融媒体中心的职责所在，参与策划则体现了融媒体中心的理念发生了从职责导向到效果导向的转变。情景剧不仅是一场演出，还希望被打造成"被看、被转、被评、被粉"的文艺精品，而融媒体中心是能更加了解受众口味的一个部门，因此需从策划开始深度参与项目精品的打造。

除了工作专班模式之外的另一种部门协作配合模式是指挥部模式，指挥部模式的典型例子是"七创"的设立。七创，全称为"七城创建"[3]战役指挥部，以组织部为基础抽调人员组成，各个专班都有处级领导。七创部采取处级领导挂钩联系专项创建工作制度、指挥调度制度、通报制度、保障制度、督查考评制度等来保障工作有序进行。在创建过程中，需要与其他部门紧密联系，以创建"全国双拥模范县"为例，从七创工作明白卡中，我们可以得知这需要办公室、综合协调组、文秘宣传组、资料收集组、后勤保障组的配合，按照

---

[1] 工作专班与指挥部不同，工作专班不会成立专门办公室。
[2] 指挥长一般是副县长担任，相关职员多为副局长。
[3] 七城，指全国文明城市、全国卫生县城、国家园林县城、国家生态文明建设示范县、全国双拥模范县、全国市域社会治理现代化合格城市、美丽县城。

"周报告—月通报—两级审核机制"的工作机制进行统筹协调。指挥部模式的另一个例子体现在创建"美丽县城"。创建"美丽县城"是以指挥部为主，连接办公室，成立项目建设工程组、资金保障组、市容市貌综合整治组、资金保障组等小组，按照"宣传发动—全面启动—迎接考评—巩固成果"的既定步骤进行工作。

无论是工作专班模式还是指挥部模式，都是县域横向部门协作配合的典型模式，是"块块联合"的典范。而县域"条条"联合，体现在纵向上下级配合之间。上下级的配合，本篇将从党校、融媒体中心、乡村振兴局三个部门以及"挂包帮"制度进行剖析。

"条条"联合的差异与创新

"条条"联合指上下级之间的纵向联合，纵向联合的模式视部门的不同而各有差异，以下将以党校、融媒体中心、乡村振兴局为例介绍"条条"联合的差异；除此之外，西畴还通过干部"挂包帮"的形式进行"条条"联合的创新，以达到"上下"有效沟通与协调。

就党校而言，向上层面，县委党校与省委党校、州委党校、省社会主义学院、省社科联系紧密。作为县委党校，听从县委指挥，与县委组织部、县委干教部联系紧密，州委党校也会给予县一级指导。例如在材料书写方面，县党校负责初稿，上报到州一级进行打磨，上级老师指导，州委发放文件。向下层面，县级党校对乡镇党校办学、规范化建设、各个现场教学点的打造进行指导，组织乡镇党校培训当地党员。

就融媒体中心而言，向上层面，融媒体中心与云南电视台、云报集团等省、州级相关组织进行联系，通过送稿机制进行稿件推荐；向下层面，融媒体中心通过通联工作制度[1]与下联系，宣传部副部长每季度召开宣传会议，召集办公室主任以及各乡镇宣传委员（通讯员），进行沟通交流。除此之外，融媒体中心在回归西畴 App 设立"乡镇之窗"板块，下级相关人员将稿件发到融媒体中心，由责编审

---

[1] 通联工作主要是贯彻"全党办报、群众办报"原则，通过各地党政机关发展和建立通讯员队伍。通联工作的主要内容有：联系和培养通讯员；处理受众来信、来电；开展受众调查；组织受众的新闻评议活动等。

核发稿。由于在每个季度的通联会议上,融媒体中心主任都把"乡镇之窗"板块的数目调出进行评议,各乡镇乡长和书记能积极地将自身的政绩成果进行宣传。

就乡村振兴局而言,向上层面,乡村振兴局对接州乡村振兴局,接受县委政府考核。此外,还接受州上、组织部的乡村振兴系统人才培训,到浙江、厦门、深圳等地区进行学习,例如现在西畴的代加工模式是从浙江学习而来的。向下层面,乡村振兴局在乡镇设立党委政府办公室,每月开一次调度会,成立检查指导小组到乡到村进行巡视。

"条条"联合的另一个典型例子是"挂包帮"制度。"挂包帮"的意思是西畴县的每个县级单位包一个村委会,由一名单位班子成员带队,分批次轮流到挂钩村开展工作。"挂包帮"从脱贫攻坚时期延续至今,在基层工作中发挥了很大的作用。

其一,对于基层而言,"挂包帮"是联结上下的一座桥梁。虽然干部素质不同,干部领导有时"分身乏术",不一定能够完全地把挂钩的乡镇的工作抓到位,但是对于基层在反映问题、联合部门、决策研究等方面不论从制度上还是实际应用中都多了一个渠道。例如某县级领导"挂帮"一个乡镇,如果没有这个制度的话,一个乡镇的党委书记只是正科,很多工作不易协调部门;但是有了"挂包帮"的制度,指挥长是副处级,就可以召集部门,做更多乡镇不易协调的工作。其二,县级领导所在的单位能发挥其单位职能优势,帮助基层。其三,由于西畴县是小县,一定程度上是费孝通笔下的"熟人社会",也可以说是贺雪峰口中的"半熟人社会",乡镇领导与县级领导除了当前的上下级关系之外,在前后可能共过事,甚至是私交相对密切的关系,这样县域与乡镇、村里的联动在实际中就更容易开展。

县域工作的新考核机制

以上是对县域工作机制的观察,下文将以乡村振兴局与七城创建的考核机制为例,来说明县域工作如今需要面临的新考核机制。

2020年是脱贫攻坚的收官之年,在这之后要稳步推进脱贫攻坚成果与乡村振兴的有效衔接。以西畴县乡村振兴局为例,乡村振兴局前身为扶贫开发局，2021年6月改名为乡村振兴局，这体现了新时期政府工作重心的转变。据该部门相关人员介绍，从脱贫攻坚转到乡村振兴后，工作量增多了，但是工作节奏放慢了。因为脱贫攻坚是"规定动作"，有硬性指标要求，而乡村振兴是"规定动作+自选动作"，虽是软性要求，但避免返贫的压力更大，轻易返贫的脱贫攻坚是一票否决的。目前，乡村振兴的具体方案还在摸索中前行，将"自选动作"的主动性发挥到极致。

七城创建的考核机制也值得深思。以七城创建在申报创建国家生态文明建设示范县的工作为例，该申报分为"网上材料+实地测评"两部分。网上材料申报涉及图片、文字、数据等，要求主责部门的工作要有亮点有特色。网上申报通过后就是实地考察，实地考察分为末位"淘汰赛"和"达标赛"，西畴属于"达标赛"模式，即1000多项指标，达到775分即可合格。实际上，在创建过程中，西畴也不是一味追求"创"的结果，更重要的是"创"的过程。国家有"创"的目标，群众有"创"的期待，政府部门想"创"的办法，由此才能形成一种良性循环。

西畴在20世纪末的造地运动中喊出"搬家不如搬石头，苦熬不如苦干；等不是办法，干才有希望"的口号，是为了在地理环境之恶、改革开放之晚的弱县激励县域内百姓，而今日之西畴能率先完成脱贫攻坚、迈入乡村振兴、争创七城的新时期，传承"不等、不靠、不要"的精气神，背后的底气也来自县域层面在"条条"与"块块"不相互推诿、不"踢皮球"、统筹协调、齐心做事的行动力。在这一过程中，"西畴精神"的团结力量深入基层干部与职员之中，成为一种政治资源得以发掘。

县乡有效衔接

"所谓'郡县治，天下安'，县域治理是国家治理的基石。自秦汉确立郡县制以后，'县官'是'朝廷命官'，是皇权的人格化象征。但是县以下的官吏却很难说是皇权的代表。事实上，大多数胥吏都具有半正式性，他们或是来自基层社会，是地方势力的代表，或是'县官'的幕僚，与其说是地方官员，还不如说是私人助手。如此，县治就变得极为复杂……在今天，'县官'在国家治理体系中的位置仍然关键。这不在于其权力有多大，管辖人口有多少，处理事务有多复杂，而在于县级行政是国家与社会的交汇点。"① 本篇写作目的不在于重申处于这一交汇点上的县级行政之复杂，而在于通过西畴县域治理的案例展示县乡有效衔接的可能性。

自上而下的衔接：正式组织中的人情链接

"由于乡镇政府的不完全性，它更像县级政府的一个下属工作部门"②，在这样的背景下，乡镇政府的作为在很大程度上要受到县级党委、政府的支配，扮演执行上级决议的角色，向上汇报工作，向下开展工作。在西畴县同样如此，各乡镇扶贫工作的展开、人居环境治理等工作是在西畴县委、县政府的统筹下进行的，而乡镇一级的党委、政府向下开展工作时，其顺利程度和乡镇政府同各村寨之间建立的正式和非正式的纽带关系密切相关。

以西畴县徐行社区易地扶贫搬迁工作为例：2015年12月15日，国务院扶贫办主任刘永富在相关新闻发布会上表示，精准扶贫、精准脱贫是脱贫攻坚的基本方略。精准扶贫和精准脱贫的基本要求与主要途径是六个精准和五个一批③。其中五个一批便包括易地扶贫搬迁脱贫一批。该政策作为精准扶贫政策的重要组成部分，西畴县当时作为贫困县也对此积极响应，由县级政府统筹，安排、确定、建设易地扶贫搬迁点（徐行社区等）并监督相关工作，领导乡镇政府依据是不是建档立卡贫困户、是否遭受自然灾害、是否存在建房困难、是否存在交通闭塞等标准确定搬迁户；西畴县九个乡镇政府则和各村村委会成员进行实地考察确定并上报搬迁户的名单，协助村民进行搬迁。在

---

① 杨华：《县乡中国——县域治理现代化》，中国人民大学出版社2003年版，序言，第1—2页。
② 吴理财：《县乡关系的几种理论模式》，《江汉论坛》2009年第6期。
③ 中华人民共和国国务院新闻办公室网站，网址：http://www.scio.gov.cn/xwfbh/xwfbh/wqfbh/2015/33909/zy33913/Document/1459277/1459277.htm，下载时间：2022年8月15日。

西畴，该工作自 2017 年开始，2018 年末搬迁完成，通过易地扶贫搬迁以及配套的扶贫车间、公益性岗位等使该县 423 户建档立卡贫困户受益。

纵览整个过程，乡镇政府在其中连接县、村两级，各层级之间依托权力划分，分工明确，责任清晰，监督机制完善。但是在对徐行社区的居民和相关政府工作人员进行访谈时，笔者了解到部分居民的搬迁意愿不甚强烈，常常需要村小组长、村主任、村支书、驻村干部等轮番做工作，摆事实、讲道理，乡镇政府在遇到不愿意搬迁的住户时也会动用其挂村干部或县级政府的驻村干部在村子里的非正式关系作为"润滑剂"来顺利使住户选择搬迁，从而完成精准扶贫的任务。

同样的运行逻辑也被运用在西畴县的返贫检测工作中。2021 年 11 月 9 日云南省巩固脱贫攻坚推进乡村振兴领导小组下发了《关于印发云南省政府求助平台运行管理办法的通知》，力图建立覆盖全省的返贫检测和救助平台。西畴县自然也在其中，县级政府一方面需要监督乡镇政府的宣传落实工作以确保辖区范围内的所有居民都在该平台上注册登记，另一方面建立起县域范围内的返贫检测机制，对乡镇政府的工作进行精准监督。

上述衔接过程，秉承的是"县统筹、监督，乡落实、报告"的运行逻辑。但是作为"等不是办法，干才有希望"的"西畴精神"的诞生地，西畴各村寨、各乡镇抱有崇高的建设美丽乡村的自觉性，某些乡镇或村寨常常先摸索出一条先于上级部门政策的发展路径，这样的路径不能简单地归类为自下而上地进行县乡衔接的例子当中。

以西畴县少年儿童之家的建设工作为例，笔者在走访徐行社区少年儿童之家时了解到，在 2022 年 7 月 14 日，文山壮族苗族自治州州委教育工作领导小组印发《文山州"少年儿童之家"实施方案》之前，该社区就已经在建"周末课堂"，目的是使社区内新迁入的留守儿童尽快适应新的学习氛围和生存环境，在接到上级部门关于建设"少年儿童之家"的通知后，对原有的服务时间和范围进行了适当调整以满足上级部门的要求，短时间内便落实了州内有关部门的要求。显然该举措是走在上级部门之前的，但它不是自下而上建立起县乡有效衔接的，而是一种"西畴精神"影响下的特殊衔接路径。即在上级部门就相关问题统筹各方信息制定方针政策之前,乡镇政府面对大政方针政策受"西畴精神"影响依据实际情况独立自觉地在辖区内开展活动。这样的时间差提高了县级部门政策落实到基层的效率。

同样的路径在靖锡乡的人居环境建设中也有体现,在2021年5月,乡政府以"光荣和梦想"为主题,根据各村小组的地理位置、前期发展、群众基础、文化底蕴确定了20个乡村振兴的示范村,包括绥坪村、宽鸿村、江蒿村等,通过收干净、摆整齐、搞绿化等工作,建设美丽乡村的1.0版。而在稍后一段时间,即2021年6月3日至5日,云南省委、省政府文山现场会议对文山州提出了总体要求:在"十四五"期间,创建30个乡村振兴示范乡(镇)、300个精品示范村、1000个以上的美丽村庄,正式明确了对美丽乡村建设相关的路径。通过先于上级部门的规划安排,西畴县靖锡乡走在了美丽乡村建设工作的前列。

自下而上的衔接:基层群众的自觉行动

虽然乡镇政府更像县级政府的一个下属工作部门,但是乡镇的自觉性、能动性也是同样存在的。在西畴县,县级政府一方面搭建了群众自下而上反映问题的路径,另一方面也为自下而上进行乡村振兴建设的项目提供支持。

以前文所述的政府求助平台为例,利用该平台需要政府救助的农村人口,特别是低收入人口的诉求可以由下至上地反映给县级相关部门,而县政部门则需要对服务对象所申请的事项进行审批,检查和督促乡镇政府所经办事项,从而有效地处理群众诉求,形成一种"村报告、乡处理、县监督"的衔接路径。

此外,在自下而上的衔接路径中,在西畴县依托建设项目进行衔接是最为常见的,以沪滇项目为例,该项目的运行逻辑如图1所示,从图中我们了解到在项目申报中村民的需求借助村干部之手传递给乡镇政府再上报给县级政府,县乡衔接依托项目进行,项目停止相关报告、监督关系同样终止。但是在西畴这样一个位于后发国家的后发地区的地域,项目是该地区发展建设的有力抓手,因而项目的申请、实施也是常态化的,村民自发报送的项目除受沪滇项目支持以外,各村寨的挂包单位同样也可以提供支持，以项目来聚拢资金、物资和劳动力以带动发展，维持和激励村民进行乡村振兴的积极性。

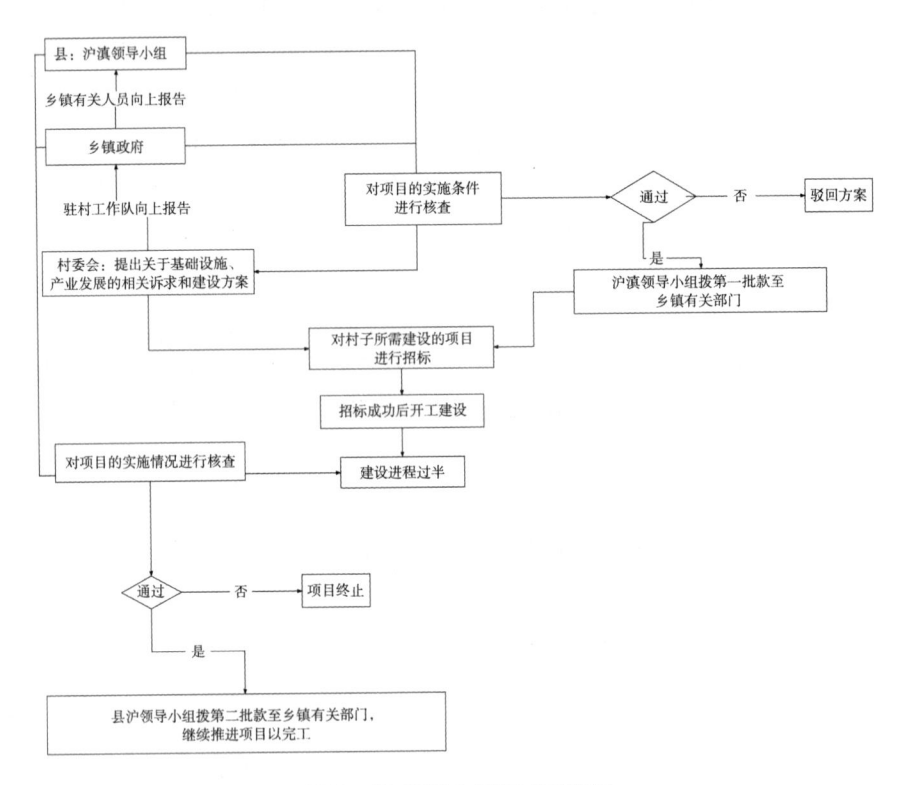

图 1　沪滇项目申请开展流程

基层群众的自觉行动也表现在地方治理中的自我探索之上，以"5 分钱"工程为例。

"5 分钱"工程是由露新镇厚朴村的李鹏瑞书记所提出，后经县内扶贫中心组织人员讨论决定，向县域内各村进行推广。在 2021 年 7 月对于李鹏瑞的采访中我们得知：2014 年，厚朴村完成进村道路的修建，但是村内以及道路上的垃圾无人打扫。这不仅影响村容村貌和道路的美观，也影响道路的畅通和持久。于是，李鹏瑞提出由该行政村中的村民小组轮流义务打扫，但又很快发现，这样的方式浪费了许多村民本可以打工赚钱的时间。随后，李鹏瑞便产生了由村民筹钱聘请专人打扫的想法。经厚朴村的村民大会进行讨论后，决定向村内每人每天收取5分钱作为集体的清洁经费,聘请村里人进行清洁,该举措既解决了一部分人收入的问题,也改善了村容村貌,同时形成了良好的社会效应。在2018年,该措施在全县得到了推广,成了自下而上衔接基层各行政单位的生动案例。

总的来说,西畴县的县乡衔接是有效且畅通的,通过自上而下和自下而上的方式,以人才为桥梁,项目为平台,依托包含权力支配关系的行政层级和县级政府在村委会的驻村工作队,乡镇政府在村委会、县级政府在乡镇政府的挂职干部等实现村民意见的有效传达和上级政策的顺利落地。但是考虑到西畴县特殊的地理环境,各个村寨距离分散、交通往来不便,乡镇政府在向下落实政策时难免会因这些问题而落实不畅,从而使县乡的有效衔接实现裂缝。例如在访谈中,笔者了解到在部分乡镇,因为疫情防控工作,需要督促和落实各村寨的村民进行疫苗接种,但由于乡镇内村民居住分散,统计工作花费时间长,而上级部门往往要求在短时间内完成任务,这使乡镇政府常常"腹背受敌"。

乡村能动性

1983年,中共中央、国务院正式发出《关于实行政社分开 建立乡政府的通知》,要求各地建立乡政府,在乡政府之下建立村民委员会。村民自治的制度安排最早将自治单位定于自然村,但由于人民公社制度的嵌入,历史上的自然村格局不复存在,于是便在人民公社体制废除后在原生产大队基础上建立行政村[①]。1988年后,村民自治渐次在行政村一级推行。到目前为止,我国村民自治制度已经运行30多年。在这30多年间,1987年11月颁布的《中华人民共和国村民委员会组织法(试行)》所影响的"乡政村治"乡村治理模式持续发挥着功能,乡镇人民政府是中国行政体制的最末端机构,村民委员会

---

① 贺雪峰:《乡村治理的社会基础——转型期乡村社会性质研究》,中国社会科学出版社2003年版。

是村民自治组织，行政权力止于乡镇①。

然而自21世纪农村税费改革②以来，"行政下乡"与"自治下沉"的趋势和探索使乡、行政村、自然村三者的关系更加复杂起来，行政权力由乡镇人民政府进一步延伸到行政村，村民自治单位从行政村向自然村下沉，行政村成为一个集行政权力和村民自治矛盾于一体的治理场域。近年来关于"行政下乡虚化行政村自治功能，弱化村民委员会自治能力，使其成为乡镇政府派出机构"的研究频出，然而在西畴县的实地调研中，我们发现村委会的治理中不乏行政力量与自治力量的良性互动，这不仅成为乡村能动性得以持续的保障，更是乡村能动性在乡村治理中作用的体现。因此，本书所关注"乡村能动性"的场域涵盖自然村与行政村。

在日常理解中，"村民自治"经常与"乡村能动"画等号，但从其概念和来源上细细区分，两者实有差别。乡镇人民政府与村民委员会是指导、支持和帮助关系，村民委员会要协助乡镇人民政府开展工作，"村民自治"作为一种体制规定，实际上已然自带一种行政力量的影响，而正是这种体制规定为"乡村能动"的维持和发展提供了保障。"能动性"指的是对外界或内部的刺激或影响做出积极的、有选择的反应或回答，"乡村能动性"则是乡村作为一个主体对外界——县乡政府乃至国家行政力量以及社会第三部门治理力量、内部——作为村庄组成部分的人及社会组织的刺激或影响做出积极的、有选择的反应或回答。"村民自治"得以成功的可能一部分来自"乡村能动"中村庄内生的力量，并且村庄作为一个主体之所以能做出反应或回答，实际上又是其组成部分的功劳，其中最基础的就是村民

---

① 赵晓峰、魏程琳：《行政下乡与自治下沉：国家政权建设的新趋势》，《华中农业大学学报（社会科学版）》2018年第4期。

② 为了解决日益突出的农民负担问题，自1994年始安徽、河北等省份就开始尝试改革现有的农村税费征收体制。2000年在安徽全省进行全国农村税费改革的试点。经过2000年一年多的试点后中央政府确定在全国推行。2001年3月第九届全国人大第四次会议通过的《关于国民经济和社会发展第十个五年计划纲要的报告》中指出："推进农村税费制度改革取消乡统筹、村提留和其他面向农民征收的一切行政性收费，同时适当提高现行农业税和农业特产税税率。这是保障农民合法权益减轻农民负担的治本之策。要在总结安徽省试点经验的基础上加快改革步伐。"参见徐勇《村民自治、政府任务及税费改革——对村民自治外部行政环境的总体性思考》，《中国农村经济》2001年第11期。

与村干部两大群体。学者贺雪峰认为，"村民自治必须解决一个重要的问题：保持对少数可能选择不合作的违规者的压力，才有保持村庄秩序的希望。少数违规者有两类人，一是村民，一是村干部"。① 这说明村民、村干部两大群体对于村庄治理各有重要作用，本篇对乡村能动性的来源和表现也将以该两大群体为区分作详细分析和描述。

村干部：乡村能动性的双重作用者

乡村得以能动实际上是村庄内生和行政嵌入两大机制共同作用的结果，② 村干部作为外界行政力量的代言人和村庄内部自治力量的带头人，其主观能动性成为"乡村能动性"的重要组成部分。

乡村能动性的实现有赖于村干部的主动创新。2014年，露新镇厚朴村完成进村道路的修建，对外的交通便利了，村内以及道路上的垃圾却无人打扫。垃圾问题不仅影响村容村貌和道路的美观，也影响道路的畅通和持久。于是，厚朴村党总支书记、村委会主任李鹏瑞提出由该行政村中的村民小组轮流义务打扫，但又很快发现，这样的方式浪费了许多人本可以打工赚钱的时间。随后，他便产生了向村民筹钱聘请专人打扫的想法。厚朴村的村民大会对他的想法进行讨论后，确定向每人每天收取5分钱作为集体的清洁经费，并在整个厚朴村进行推广。通过向村民阐述卫生保障的重要性，他说服了村民交钱，并由于他对保洁员实行监督和奖惩、利用私家车无偿清运垃圾，从而获得了群众的认可和信任，还一度获得了"垃圾书记"的绰号。在这一案例中，"5分钱"工程的诞生是厚朴村这一行政村村主任李鹏瑞发挥主观能动性的创造。

乡村能动性的实现有赖于正式制度与非正式规则的妥善运用。龙潭乡桦地村作为"5分钱"工程开展成效显著的行政村之一，其驻村干部认为成效显著的一个重要原因就在于制度，"人管人不好管，但是制度管人就很好管"的观点就体现出与传统自治中习惯性治理不

---

① 贺雪峰：《乡村治理的社会基础——转型期乡村社会性质研究》，中国社会科学出版社2003年版。

② 贺雪峰：《乡村治理的社会基础——转型期乡村社会性质研究》，中国社会科学出版社2003年版。

同的行政化管理思想。但进一步的问题在于这种制度是悬浮于村庄现实的制度，还是贴合实际的制度，是规定强硬的正式制度还是可以灵活应变的非正式制度。以桦地村的驻村干部所言的"制度"为例，根据"5分钱"工程的实施，一是将具体规定明文表示，二是允许各村小组根据实际灵活制定具体规定，而后者的许可权力实际上来自乡镇政府与县政府，体现了行政权力的传递和延续。但这也充分体现出行政与自治在桦地村的契合，表明妥善处理好正式制度与非正式规则的关系，使二者融洽共存，可以提高办事效率、激活乡村能动性。

乡村能动性的实现有赖于村干部积极向上"跑项目"。农村税费改革后，取消了"三提五统"和共同生产费，村级办公经费大大减少，村庄公共产品的建设主要依靠国家以项目制的形式进行财政支付转移。因此，为了满足村级组织正常运转的资金需要，村党支部书记的主要任务就是向上"跑项目"，以项目资金来填补村级组织的财政缺口。有研究认为，村级组织作为项目运作中的受益者，就会在"跑项目"中丧失一定的主体性，依附于县乡政府，成为县乡政府在乡村中发生现实作用的派出机构，配合完成上级政府所分解、下派的任务指标，而只有完成更多更好的指标才能"跑"到更多项目[1]。但笔者认为从另一个角度来说，村干部根据自己村的需要向上"跑项目"，实际上也是村民公共品需求偏好与国家资源下乡对接的方式，是一种乡村能动性的表现。以桦地村建设彝族苗族文化基地为例，桦地村的党总支书记杨晓春在知道县里有这个专项资金后主动向乡里报名、申请，才获得的这个建设经费。学者李祖佩根据项目进村的不同方式，将承接项目的村庄划分为接受型、争取型和捆绑型三种类型[2]，其中争取型村庄的项目引进是村级组织尤其是村两委主要干部努力的结果，也是最能体现乡村能动性的一种类型。除此外，驻村干部也会发挥一定作用，出于其政绩成果需求或村庄建设需要，驻村干部主动向自己原属单位"要"资源、"要"项目，如釜鼎乡藤柴村建

---

[1] 赵晓峰、魏程琳：《行政下乡与自治下沉：国家政权建设的新趋势》，《华中农业大学学报（社会科学版）》2018年第4期。

[2] 李祖佩：《项目进村与乡村治理重构——一项基于乡村本位的考察》，《中国农村观察》2013年第4期。

设"居家养老服务中心"和"儿童之家"就是向县民政局"要"资金的结果。

自然村与行政村不同，由于缺乏上级行政力量的直接管理，其更注重"自治"力量，自然村村干部的能动性也因此体现出与行政村村干部考虑行政力量不同的特点，尤其体现在"自治"的主动性和有效性以及绕过行政村，直接向上寻求帮助的特殊表现上，其中在村内任职时间长而获得极大权威的村干部能动性更加明显，这里以兆答村为例。

该村通过"党心、明心、爱心、匠心、德心、恒心"实现村民自治、邻里和谐、寨风淳朴，实现警民和谐、联动携手、共创平安的工作格局。自建村以来，该村未发生过命案，连续40年未发生各类案件，矛盾纠纷全部化解在村小组内。因成绩突出，多次被省、州、县评为文明村、民族团结示范村、平安村、美丽乡村。笔者认为该自然村之所以能够实现有效自治、发挥能动性，与该村村干部有着密不可分的重要关系。该村党支部书记兼村小组长田有富已经任职48年了，在村内具有极高的威望，他对于村内事务有着极强的积极性。在田野调查期间，笔者见证了该村为"绿美家园"建设而在村内公共区域修建花坛的整个过程，该事件正是由田有富领导的村小组班子所主导的，从主动到别村学习先进经验到花坛设计、花坛选址等都是该村村干部能动性的体现。

此外，兆答村以"以和为贵、和气生财、守法为本、平安是福"为寨训，注重对村民的动员号召，还在党支部的带领下，组建了一支义务巡防队。该义务巡防队共有队员10人，并配齐配强巡逻装备，化身"安全使者"与"保护神"护村平安，时常戴着红袖标、穿着工作服在村内巡逻，发现有可疑人员就及时报告；同时还对村民之间的小矛盾进行调解，为村民排忧解难。尤其在疫情期间，义务巡逻队积极参与本村的疫情防控，严防死守，认真排查，积极报告，做到组不漏户、户不漏人，杜绝外来人口传播疫情的可能。这一方面体现出自治的内容为地方公务，另一方面体现出自治的理念为村民共同参与的公共理念。据田老所说，该义务巡逻队的工作服与巡逻装备都是他主动向郜林乡派出所"要"来的，而兆答作为一个自然村，直接绕过行政村向上级"要"资源、反映问题这一情况是经常出现的，实际上这一"要"的过程需要的正是田老在村庄长期的工作中积累的人脉和"面子"等社会资本。

在兆答，还有民主协商与精英决策相结合的创新，前者以村民大会、党支部大会等为平台，后者以村内"长老"和村干部参加的火塘会议为实现途径，而火塘会议正是村小组长田有富的创新，只有能干实事、会动脑筋的人才能参加该会议，这也是乡村能动性的体现。

税费改革后，研究普遍认为农村筹资筹劳困难，但兆答村在村内修路、修建花坛等事件上筹资筹劳都很顺利，笔者认为有两个原因：一个是传统权威作用，通过田老这种乡村权威使村民信服，并塑造了村民的共同体认同，从而实现村庄有效自治，并由此生发出乡村能动性；另一个则是党建引领的作用，而这一作用将在下一部分做详细分析。

村民：乡村能动性的具体实现者

有学者认为，"地方官员是地方政治能动性的具体实现者"，这一论断基于县乡场域，由于普通百姓难以接触到县乡政务，县乡官员则成为国家法律政策的具体执行者和解释者，"他们的能力素质、操守追求、言谈举止等既决定着各地政治的运行和治理的绩效，也影响着当地社会的发育、社会关系的调整、社会风气的提升以及社会与国家关系的协调"[1]。可是将眼光投放到乡村这一场域，村民必须自己组织起来为获得村庄秩序而努力，村庄内的各类公共服务都与村民息息相关，村民通过直接参与协商来决定村庄内土地、资金等的用途及分配，因此村民也是村庄能动性的具体实现者。

然而实际上，行政村范围内不同自然村的村民之间联系较少，村民间认识、了解和联系都不如自然村，处于"半熟人社会"[2]的状态，而本文所认为的村民能动性主要体现在两个方面，一个是自上而

---

[1] ［德］托马斯·海贝勒等主编：《"主动的"地方政治：作为战略群体的县乡干部》，中央编译出版社2013年版。

[2] 见贺雪峰《乡村治理的社会基础——转型期乡村社会性质研究》，中国社会科学出版社2003年版。

下贯彻适应，主要依靠评比活动和党建引领来建立和调动村庄内的社会关联，村民因此主动参与、配合村庄建设，另一个是自下而上制定影响，主要指的是因地制宜发挥创新来对上回应，两者都是在自然村这一"熟人社会"范围内才能起效。因此本书将村民能动性的场域划定在自然村范围内，以下分析将以自然村为例。

前文说到兆答村筹资筹劳顺利有一个很重要的原因是党建引领，兆答村有着非常完善的党建制度。兆答村党支部有党员 22 名，2019 年创建为五星级党组织，2020 年被命名为省级示范党组织。兆答村支部的每位党员都自觉在自家房屋的明显处插上一面党旗，并在门上安装党员户标识牌，从"支部书记干、其他党员看"变成"支部党员齐心协力一起干"。兆答研究设立卫生监督、治安巡逻、政策宣传等 9 个岗位，党员根据自己的实际情况自愿选岗，依岗履行职责，兑现承诺。此外，还利用定期评比，督促"人人尽责"，对党员实行"334"模式的积分制管理，每季度评 1 次，邀请群众参与评分，多元化综合评价党员的作为，并通过公示成绩，刺激低积分党员积极向上，增强高积分党员的荣誉感使其继续发扬。以上制度极大地提高了党员在村内的认可度和自身的荣誉感，使兆答村内的入党积极分子、预备党员和党员极易发挥带头作用，而这种带头在"熟人社会"中会发挥极大效益。这一点在前文所提到的修建花坛事件中就有所表现，谭娘娘作为一名预备党员在修建花坛过程中工作认真，作为一位女性却在搬石头这类重活中有着丝毫不逊色男性的表现，她跟我们说："我是党员嘛，就是要起带头作用的。"并且在语气中表露出自己作为党员的荣誉感。

而与评比督促党员类似的是村内奖惩分明的红黑榜，通过强化"红榜"人员的示范引领作用和注重对"黑榜"人员的教育转化，让更多的人争上"红榜"，减少"黑榜"。在兆答这一熟人社会，村民们的荣誉感和羞耻感在熟人评价中达到了最强烈的感觉，因此评比活动可以强化村庄的社会关联，激发村庄的政治活力[①]。

---

① 周鑫宇：《中国政治的细节：一个县的减贫治理》，中国人民大学出版社 2022 年版。

西畴乡村能动性的独特优势

日本学者田原史起认为，在中国农村同时有三个为地方治理提供资源的领域，即"公"、"共"和"私"的领域。三者代表不同的资源供给原则："公"代表着政府的"再分配原则"，"共"代表着社区的"互惠原则"，"私"则是市场的"交换原则"。田原史起认为，"在国际比较中，'共'是中国基层治理中的最大资源"。[①] 而税费改革之后，村庄集体财力剧减，村集体行动能力弱化，其集中表现是公共品供给中村集体无法克服部分村民"搭便车"造成的高组织成本问题[②]，向村民要钱变得困难，"共"这一社区的"互惠原则"在乡村一级受到挤压。但是西畴县的乡村能动性恰就体现在能解决这一矛盾上，既能对上顺利对接、"跑"到项目，又能对下成功动员村民、筹到"资""劳"。笔者认为这一方面是脱贫攻坚、乡村振兴等运动所激发的后果，是政府财政拨款作为行为后盾的表现。脱贫攻坚时期国家有大量的专项资金财政拨款，不同于以往县乡财政吃紧而频发"空头支票"的情况，国家对全面建成小康任务的决心使村干部向上"跑"项目有项目可跑、有资金确保可以争取到。而另一方面，落后地区寻求进步的渴望极其强烈，不同于其他地方国家资源下乡造成村干部和村民双双客体化，"西畴精神"所表现和激发出来的"干"和"希望"使村民倾向于积极主动，这一主动性减少甚至取消了搭便车行为，对试图坐享其成的"钉子户"更添加了道德层面的约束。

（执笔人：陈婧璇、梁兆哲、李文哲、李会泽、高思蓉）

[①] ［日］田原史起：《日本视野中的中国农村精英：关系、团结、三农政治》，山东人民出版社 2012 年版。

[②] 贺雪峰、魏华伟：《中国农民合作的正途和捷径》，《探索与争鸣》2010 年第 2 期。

小县之坎

县域发展过程中会遇到一系列的普遍性问题。随着社会变迁，精神、人才的传承面临新问题："西畴精神"的传承中面临着新老传承、地域分配不均等问题；村落老龄化导致村干部的"老化"，如何解决村干部的接班亦成问题。从"脱贫攻坚"到"乡村振兴"，需要继续提升提高农村基本公共服务质量和水平，不断改善农村人居环境。对于西畴而言需要落实的具体问题有：西畴作为有名的劳务输出县面临留守儿童照顾问题，县域教育面临优秀教师留不住、学生留不住、教师编制、城乡差距等问题；供水、用电等基础设施的提升问题；基本完成农村改厕的当下"厕所革命"在农村的遗留问题与所面临的垃圾困境；非平台化经营之下，农村运输有限责任公司对西畴县内的交通垄断式经营可能造成的风险等。除了这些具体的问题之外，调研组发现在以"等不是办法，干才有希望"为荣的西畴的部分干部群体中存在着"等才是办法"的疑问，这是由于"等不是办法"的能动性资源在其积极的实践中受到了挫伤。这些问题不仅仅是西畴的一县之"坎"，也是众县之"坎"，具有普遍性和代表性，值得记录与反思。

变化情境中的精神传承

1955年，毛主席对于东升农业生产合作社的批示——《一个混乱的合作社是如何整顿好了的》为"西畴精神"注入了第一抹红色底色；20世纪七八十年代，对越自卫反击战再次为"西畴精神"带来了爱国的内涵；直到20世纪90年代初，"西畴精神"正式诞生于西畴人抗争贫困、抗击石魔的伟大进程之中,并逐渐为世人所知晓,但知名度与典型的地方精神仍有一定差距。直到 2017 年,"西畴精神"踏入新的传播情境,2017 年 3 月 20 日的《人民日报》在头版头条刊发了题为《云南西畴:石旮旯里劈出致富路 等不是办法,干才有希望》的文章,聚焦于云南文山州"西畴精神","西畴精神"火出了圈,2019 年,西畴人依托"西畴精神"战胜贫困与石漠化,提前打胜脱贫攻坚战,从脱贫攻坚路变道乡村振兴路,西畴实现了弯道超车,从曾经的"弱"县一跃成为"明星"县,"西畴精神"的传承也面临着巨大的变化。那么"西畴精神自 2017 年后变化情境之下的传承有何新变化,同时有何新问题"是本篇的关注点。

"西畴精神"传承的变化情境

本篇将 2017 年作为变化情境的分界点,作为历史最为悠久的大众传播媒介,报纸是最能体现历史发展的媒体。如果以报纸对"西畴精神"的宣传为切入点来看,"西畴精神"在大众媒体的宣传和传承下呈现两个波峰:其一是 2008 年前后,其二是 2017 年至今(见图 2)。研究小组以 2016 年 12 月为时间坐标,将"西畴精神"的传播划分为两个阶段,即"稳定情境下的传承"与"变化情境下的传承",划分原因有三点。

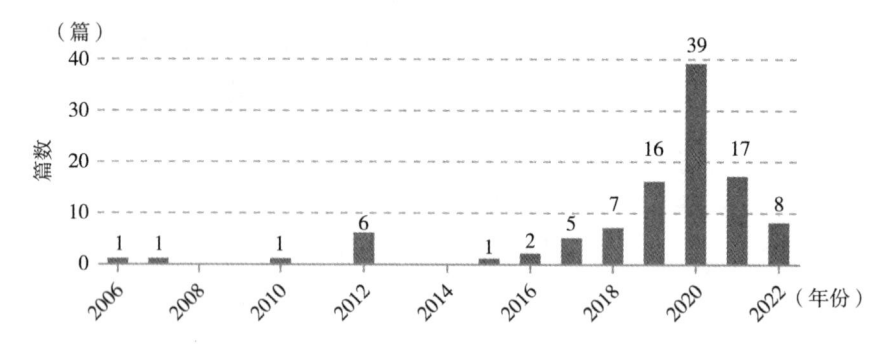

图 2 相关报刊数量变化(2000 年 1 月 1 日至 2022 年 8 月 11 日)[①]
资料来源:CNKI 中国重要报纸全文数据库

[①] 2022 年发布的相关新闻报道的数目只统计到 2022 年 8 月 11 日,根据预测,可能会比 2021 年少 3 篇。

第一，从对"西畴精神"的重视程度和"西畴精神"传播广度而言，2016年12月云南省委做出了"重读、重解、重用'西畴精神'"的决定，之后对于"西畴精神"的学习和宣传报道数量极大增多，这在报纸的报道量上有非常明显的表现（见图1）。并且自2017年之后"西畴精神"相关报道数量显著提升，并在2020年达到39篇之多。毫无疑问，"变化情境"下的"西畴精神"相比于"稳定情境"的"西畴精神"上升到了更高的高度，伴随而来的压力同样达到巅峰。

第二，从媒介技术的演变和新闻传播渠道的角度来看，"西畴精神"可使用的传播渠道在2016年后由于社交媒体的勃兴而被极大地拓宽。随着技术的发展，以"微信"和"新浪微博"为代表的社交媒体逐渐成了人们获取信息、发表意见的主要渠道。2016年"社交网络已经成为除新闻App以外第二大新闻渠道，渗透率超过电脑加电视"。[1] 它们深刻改变着媒介环境，故本文将2017年之后看作是变化情境下的传承。

第三，从"西畴精神"的任务与内涵来看，在2017年之前，"西畴精神"的主要任务是消除贫困，让石漠荒山变成绿水青山；2017年之后，特别是2019年宣布脱贫之后，"西畴精神"的使命转变为助力乡村振兴，使精神财富转变为物质财富。

变化情境下的"西畴精神"

"西畴精神"被纳入"中国精神谱系"当中，由中共中央宣传部理论局撰写的2021年通俗理论读物《新征程面对面》对"西畴精神"进行了充分论述与肯定。《阡陌乡间大可为——农业农村现代化如何推进？》一篇中指出"'苦熬不如苦干；等不是办法，干才有希望'的'西畴精神'与'弱鸟先飞、滴水穿石'的闽东精神、'吃苦耐劳、一往无前'的蒙古马精神、激励我们奋力打赢脱贫攻坚战，成为当代中国精神谱系的重要内容"。[2] 视听文山官方号指出"中共

---

[1] 人民网网站，http://media.people.com.cn/n1/2016/0628/c405364-28503117.html，下载时间：2022年8月11日。
[2] 共产党员网网站，https://www.12371.cn/2021/07/21/ARTI1626835134040307.shtml，下载时间：2022年8月31日。

中央宣传部对'西畴精神'的肯定，充分说明'西畴精神'具有当代中国精神的特质，是伟大'建党精神'① 一脉相承、密不可分的重要组成部分，大力宣传弘扬'西畴精神'具有重要价值和时代意义"。② 此次对于"西畴精神"的赞扬成为自《人民日报》头版头条刊登报道的另一高峰，"西畴精神"成为中国精神谱系的重要内容。

"西畴精神"上升到新高度固然令人欣喜，但现阶段，无论是西畴县内基层公众，抑或是基层领导干部对于自身"西畴精神"被纳入体系的认识仍有待提高。在本次调研过程中，基层群众和干部对于"西畴精神被纳入中国精神谱系"的认识仍较为模糊，如对于"西畴精神"是否被纳入中国精神谱系，"西畴精神"被纳入什么谱系（中国精神谱系、中国共产党人的精神谱系），"西畴精神"何时被纳入等问题的认识缺乏官方的确认和宣传，被纳入中国精神谱系（特别是中国共产党人的精神谱系）必然是"西畴精神"在变化情境下的重中之重，现阶段虽有入选第二批中国共产党人精神谱系的计划，但具体的操作仍有待加强。

2018年8月，习近平总书记在全国宣传思想工作会议上发表重要讲话，要求扎实抓好县级融媒体中心建设，更好地引导群众、服务群众③。这体现了党中央对移动互联网时代传播规律的洞察和宣传工作的部署。县级融媒体中心是在整合县级广播电视、报刊、新媒体资源的基础上，开展媒体服务、党建服务、政务服务、公共服务、增值服务等业务的基层融媒体平台④。西畴也响应国家号召，成立了融媒体中心。

融媒体中心运用5G、大数据、云计算、物联网、人工智能等技术，通过移动互联网将电视台的传统职能与互联网时代的多种其他媒介相结合，例如"两微一端"，小程序、微信、抖音等各种新式媒

---

① 2021年9月29日，建党精神成为第一批纳入中国共产党人精神谱系的伟大精神。
② 手机网易网网站，https://3g.163.com/dy/article/GP68LE940530WSML.html，下载时间：2022年8月31日。
③ 中国政府网网站，www.gov.cn/xinwen/2018-08/22/content_5315723.htm，下载时间：2022年8月8日。
④ 郑保卫、张喆喆：《县级融媒体中心建设：成效·问题·对策》，《中国出版》2019年第16期，第3页。

介，打通县级媒体与群众之间的"最后一公里"。县级融媒体中心是基层群众的信息交流平台和情绪沟通桥梁，上接省市融媒体乃至中央主要媒体，下连千家万户。作为西畴县党委政府的喉舌，西畴融媒体中心是面向公众宣传"西畴精神"的主力和大本营。西畴县县域规模较小，主要经济数据的相关指标值不理想，但西畴县的融媒体中心起步较早。2018年县委政府将融媒体中心建设列入宣传文化体制改革重点工作，用改革的力量推动中心建设。2019年3月正式于原有的西畴县电视台的基础上挂牌成立西畴县融媒体中心[①]。

现阶段西畴县融媒体中心通过微信公众号、电视台、抖音官方号、快手官方号、"回归西畴"App等多种方式，坚持"移动优先"，形成了"一台两微，一端两号"的媒体矩阵以进行多层次、多角度宣传"西畴精神"的典型人物，讲述西畴故事，展现"西畴精神"。除此之外，融媒体中心与时俱进选取新一代符合"新西畴精神"内涵的代表人物，让新一批"西畴精神"代表人物能展现在大众的眼前。

虽然融媒体中心所取得的成就值得肯定，但现阶段的问题也不容忽视，诸如，"西畴精神"宣传任务艰巨，但由于资金问题导致人才不足和人员积极性不高；现阶段融媒体中心的资金仅能维持基本运行，但平台建设与设备投入的资金缺口仍非常大；同时，融媒体的定位较为尴尬，考核激励机制难以实行。

变化情境之下的传承有机遇，也有挑战。随着技术和上级部门的重视，"西畴精神"不断发展和传播，在逐渐更加适应新时代乡村振兴需要的同时，也发展出了乡村振兴时期的新内涵。随着"西畴精神"越发向上、越发向外，逐渐融入当代中国精神谱系的重要内容，面临的挑战同样不可忽视，"西畴精神"的传承也面临着新老传承的问题，不能"只顾上不顾下""只顾外不顾内"。

老一辈西畴人在没有现成经验可借鉴时勇于创新，炸石造地，开山造路，党员干部带领人民群众积极探索，敢为人先，与时俱进，凭

---

① 西畴县融媒体中心：《西畴县融媒体中心五年工作总结》，西畴县融媒体中心，2021年5月13日。

着"敢干、实干、先干"的"西畴精神",最终使"吃水难、用电难、出行难、增收难、就医难、上学难"的西畴六大难不复存在。变化情境之下,新一辈的西畴人没有抛弃先辈的宝贵财富,转而接过接力棒踏上乡村振兴的新征程,新征程上坎坷众多,但未来属实可期。

村落老龄化与村干部接班

老龄化是我国人口结构变化的主要趋势之一,与城镇相比,我国农村人口老龄化的速度更快、程度更深①。第七次全国人口普查的结果显示,2020 年我国乡村 60 岁、65 岁及以上的人口占乡村总人口的比重分别为 23.8%、17.7%,比城镇分别高出 8.0 个、6.6 个百分点②。有研究表明,我国的农村人口老龄化将在 2021—2035 年进入高速发展阶段,预计到 2035 年农村 60 岁及以上人口占农村总人口的比重将会超过 30%③。西畴全县约 26 万人口,目前外出务工人口达 5 万余人,在快速城镇化的背景下,随着青壮年劳动力的进城,村落老龄化问题更加严峻。

村落处于国家与农民的连接点上,国家对农村的治理只有通过村干部的努力才能变为现实。④ 当前以徐勇等为代表提出的村干部双重角色理论获得广泛认同,⑤ 双重角色理论虽然是一种静态的结构主义的分析定位,但深刻地指明了村干部的结构性处境,并在一定程度上解释了村干部的行动逻辑⑥。作为存在和活动于国家与农民之间的一

---

① 高鸣:《中国农村人口老龄化:关键影响、应对策略和政策构建》,《南京农业大学学报》2022 年第 4 期。
② 中华人民共和国国家卫生健康委员会网站,http://www.nhc.gov.cn/lljks/pqt/202110/c794a6b1a2084964a7ef45f69bef5423.shtml,下载时间:2022 年 10 月 30 日。
③ 林宝:《中国农村人口老龄化的趋势、影响与应对》,《西部论坛》2015 年第 2 期。
④ 吴毅:《双重边缘化:村干部行为与角色的类型学分析》,《中国农村经济论坛》2002 年第 11 期。
⑤ 郭斌、宁泽逵:《村干部角色代理权重的实证分析——基于陕西省 M 县的 104 个村干部的问卷调查》,《农村经济》2011 年第 3 期。
⑥ 李祖佩:《新代理人:项目进村中的村治主体研究》,《社会》2016 年第 3 期。

个特殊中介群体，村干部不仅要扮演好"国家代理人"的角色落实政府规定的基层任务，也要作为"村民当家人"满足村民的利益诉求，维持村庄秩序。因此，乡村振兴能否取得预期效果，农村现代化能否有效实现，与村干部密切相关。

西畴的老龄化问题主要表现为村干部的"老化"，随着现代信息技术的普及，基层工作环节日益追求程序化、数据化、规范化，如何构建一支年龄结构合理的村干部队伍？如何发挥多权威主体的建设性作用？如何提高村干部的职业动力？这些问题亟待思考。本书通过对西畴各村的调查和分析，发现村干部的行动逻辑往往与其权威来源相关，而不同权威基础又衍生出不同的治村经验及治理困境。本书试在呈现相关治理情境的基础上，对农村老龄化背景下如何解决村干部的接班问题做出个人思考。

村干部的权威基础：不同权威类型的治理经验

马克斯·韦伯的权威类型说将合法权威理想地归为传统型、魅力型和法理型，虽然这一分析范式在微观层面运用的局限性早已被众多学者批驳，但由于各种权威都有表达的主体，不同主体又在村落这个"小世界"里扮演着不同角色，因此，韦伯的划分对中国村庄权威的分类仍然具有重要的借鉴和启发意义，可以作为划分中国乡村权威类型的理论依据[1]。本书试图借助这一理论视角，用以理解村落中不同权威类型的治村经验。

传统型权威主要出现在划分地位等级的社会，它"建立在一般的相信历来适用的传统的神圣性和由传统授命实施权威的统治者的合法性之上"[2]，其基本类型包括长老制、家父长制、世袭家产制、苏丹制或封建制。例如，兆答村依靠长老的智慧进行村落治理，咸时村村干部的职位获得来源于家族文化权力的承袭，两村秩序的维持有赖于辈分高的老人或有多年处理村务经验的村干部"说话分量较重"，易获得村民的普遍支持。

---

[1] 王妍蕾：《村庄权威与秩序——多元权威的乡村治理》，《山东社会科学》2013年第11期。

[2] ［德］马克斯·韦伯：《经济与社会》，林荣远译，商务印书馆1997年版，第241页。

长老治理维持着我国漫长时间内的基层秩序，中国传统文化为其提供了深厚的合法性基础。兆答村现有 80 余户 384 人，大概有 1/3 的人口在外务工，村内姓氏主要以田、陆两姓为主。村主任田有富今年 73 岁，自 1973 年通过村民选举第一次成为村小组长至今已有 49 年。1988 年由于村内家族主义强烈，村内陆姓家族内的成员互相选举自己本族人担任村小组长、副村小组长和会计，田有富在该届落选，也并未在村小组班子内担任任何职务。然而到了 1991 年，村小组成员发现上任的村小组集体欠外债 9800 元，期间并不公开财务收支情况，极大损害了村集体的利益。自那以后，"人心"自然而然到了田有富处，他于 1991 年再次当上村长。期间他也曾多次计划退休，然而由于村民多次投票令其当选，他不得不继续担任至今。"长老治理"和"火塘会"是兆答村最大的特点，该村的日常治理常常依靠在火塘会中讨论出来的思路。火塘会的来源完全出于偶然，因为村民常在取暖中讨论村内事务，后慢慢地就被转变成一项惯例，每年大致开办 1—3 次，开展次数依具体情况而定，没有固定的规章制度，开办的内容主要以了解村内老年人对于村内事务和村子未来打算的看法，希望通过长老的智慧来解决办法。费孝通在《乡土中国》中曾直接指出"中国社会是乡土性的"，乡村秩序主要是靠老人的权威、教化以及乡民熟悉的规矩和习俗来维持，并将基于长幼原则而形成的权力称为"教化权力"。在他看来，在乡土社会的青年进入政治秩序之前，"每一个年长的人都握有强制年幼的人的教化权力"，这种权力不能"用民主和不民主的尺度来衡量"，而是一种"长老政治"。[①] 长老权威的合法性基础来自对传统的遵从，因为乡土社会是缺乏变化的，人们总是遵循着祖辈留下来的传统智慧而生存。人们敬畏传统，实际上是敬畏切实可行的生活经验。之所以敬畏，是因为依照它行事就能够顺利。[②] 于是在村落中，规矩大致是自然发生的，道德具有强大的约束能力，村民必须遵守村中规矩和信用，统治村落的长老也必须遵循传统和赢得村民的信任。而且村里的规矩，大家都是一致同意

[①] 费孝通：《乡土中国》，北京大学出版社 2021 年版，第 110 页。
[②] 姚清晨、张颖：《政治权威的合法性基础：兼论乡土社会中的长老权威》，《重庆与世界（学术版）》2015 年第 7 期。

的，没有反对意见存在，也不会有反对意见存在的空间。这不是来自压服或民主，而是来自长期共同生活所拥有的经验与深信不疑的信念。① 然而，这样一个和谐而稳定的熟人社会的秩序终究会随着社会经济的变迁和现代信息技术的发展逐渐消解，过去一直以长老权威和习惯法进行治理的乡村社会也基本为现实的利益所支配。② 近来消极的老龄化视角总将老人塑造成"老来无用""负担"等形象，老人的地位自费孝通、张仲礼等以降一落千丈，然而，兆答村仍在延续的长老治理再次解构我们的刻板认知，提醒我们老人可以在村落建设中发挥建设性作用。

村落家族文化是村落内部重要的人际关系网络，发挥着调节基层秩序的潜能。

咸时村是一个"大家族"，全村姓白，目前共有14户人家，在家的有63人。村主任白宣顾今年43岁，依靠村落家族文化得以"世袭"。据他所言，因为自己的爷爷、爸爸都是村长，从小对于村庄公共事务的处理并不陌生，自身也有较强的责任感和信念感承袭父辈的志愿，加上"寨子是一个大家族，一家人在村里比较有威严"，2010年父亲去世后，白宣顾就当上了村主任。该地的驻村干部马斯韦讲到，在日常工作的落实中，常遇到村民不愿配合的情况，这时就会请村里比较有威望的人随行。这位有威望的人就是白宣顾，例如在2022年的房屋改造工程中，常遇到村民不愿拆除旧围墙，或索要高额赔偿的情况，工作难以推进，但一旦经过白宣顾的走动和说服，就可以做到"矛盾不出村"。目前咸时村主要落实政府为他们规划的产业定位，协助村委会和驻村干部在本村成立合作社，建立水厂和蔬菜种植基地。白宣顾的合法性基础来源于村落家族权力的承袭，亦可被理解为一种传统型权威。自1949年以来，土地改革运动对村落家族文化的冲击可谓摧枯拉朽，以往依靠士绅、长老、宗族等力量进行治理的基层政治结构更新为行政村、村

---

① 贺雪峰：《论半熟人社会——理解村委会选举的一个视角》，《政治学研究》2000年第3期。

② 贺雪峰：《论半熟人社会——理解村委会选举的一个视角》，《政治学研究》2000年第3期。

民委员会和村支部。① 在咸时村的案例中，我们可以看到作为国家形象代表的驻村干部在"进村"过程中如何借助地方力量调解矛盾纠纷，村落家族文化又如何融入正式的社会体制，共同实现国家的目标任务。正如王沪宁在《当代中国村落家族文化——对中国社会现代化的一项探索》一书中所说，基层治理有赖于社会体制的合理化，同时也需要合理利用正在消解的村落家族文化中的某些潜能，发挥其维持基层秩序的传统功能。

魅力型权威建立在"对个人及他所启示或制定的道德规范或生活秩序之超凡、神圣性、英雄气概或非凡特质的效忠之上"。② 例如，龙口藤村的村长王申川始终关心村民能不能过上好日子，并身体力行地参与村庄建设，激发村落发展的内生动力，依靠非凡的个人魅力赢得村民的一致认同。

村落内部的"能人"治村是基层民主创新的一项举措，有利于激发村落建设的内生力。龙口藤村现有48户188人，由于外出务工人口较多，村中目前老人、小孩、妇女居多。村主任王申川今年49岁，是一位魅力型人物。王申川于2007年入党，2006年当上副村长，2009年当选村小组长。进入村支部班子，王申川做了许多举措，赢得村民们的一致认可，在村内有较高的公信力。在村内，王申川带头组建文艺队，把一些国家的惠农政策编排成文艺节目，把大家聚拢在一起。文艺队不仅成为村内人沟通情感的方式，也是化解村内纠纷的一种手段。为了改善村容村貌，王申川就想办法用大山里有的东西来建自己的村子，然而在规划完成时又面临资金难题。为了筹集建设经费，王申川以个人名义去信用贷款10万元，又天天跑乡政府争取资金，最终争取到"乡村振兴示范点"的名额，又把村内"砌砖高手、编竹能手、修路专才"等17名能工巧匠动员起来组成施工队，开始建设家园。2022年，由于开博乡政府减少了清运垃圾方面的财政支出，乡上动员各村以户为单位自筹资金，自发解决垃圾清运的问题。而王申川认为，按户数集资并不公平，如果将乡政府规定的

---

① 贺雪峰：《论半熟人社会——理解村委会选举的一个视角》，《政治学研究》2000年第3期。

② [德] 马克斯·韦伯：《经济与社会》，林荣远译，商务印书馆1997年版，第241页。

每年4800元的清运垃圾费平摊到户的话每户就需要出100元的差误,因为村里大多是外出务工的人,就会造成很多家明明没有生产那么多垃圾但还是要交100元的状况。于是,征询村民意见后,王申川以人数集资,每人就只需交26元。这一做法赢得了村民的广泛认同,据调研组了解,王申川在村内的口碑十分高,都一致认可她"当家人"的角色。

法理型权威的合法性来源包括法律成分和理性成分,这种服从更多的是服从一个无私的秩序,因此"成员对掌握权威者的义务,只限于这项秩序所给予的、为理性所界定的、切实的管辖权范围之内",其典型结构是科层制组织。[①] 村干部职位的获得除了村民内部的推选,也有直接任命。例如共渡村的村长张辉,便是由镇里推举过来的。该村前任村长黄明虽同样由村民内部投票选举,但由于长期消极配合党务工作,也不关心村落公共事务,便被强制"下台"。

村干部老龄化:基层干部的职业动力与接班难题

村干部老龄化的成因包括农村人口年龄结构失衡、重资历轻能力、忽视后备干部培养、待遇低工作难度大等因素,提出破解该难题需要严格选拔标准,优化领导班子结构;要加强后备干部培养,夯实人才更替基础;要健全激励机制,吸引青壮年返乡任职;要积极创造条件,助力村干部自我实现等路径也早已被许多研究关照到。[②] 峰勤村曾是一个铝土矿区,不同于其他村寨正热火朝天开展的人居环境整治工程,该村的群众积极性似乎不高,至今没有开始相关整治工作。谈及群众积极性不高的原因,据鸣明乡的副乡长所言,自成立乡村振兴委员会以来,"一肩挑"的村支书和村主任每月工资是800元,副主任每月600元,一般委员每月是400元,但该村的村干部班子至今已有两年没有拿到工资,加之通知村民事务一般都需要打电话等,话费也是日常生活中很大一部分支出,因此工作没有热情,对上面的政策指令和村内的公共事务都消极以待,基本无心工作。此外,副乡长

[①] 陈成文、汪希:《西方社会学家眼中的"权力"》,《湖南师范大学社会科学学报》2008年第5期。

[②] 樊翠娟:《村干部老龄化的成因及破解之策》,《安徽农学通报》2019年第12期。

认为，该村的年轻人入党积极性不高，导致有能力的人没有资格进村干部班子也是一方面原因。工资方面的难题具有一定普遍性，叶泉的村长提到，村小组组长实际上没有工资和补助，很多工作都需要凭借个人的人际关系网络或在村中积累的威信进行动员才能推进，特别是很多开销都需要自掏腰包。比如因为村内外出务工的人较多，与他们联系通常需要打长途电话，每月的话费基本就二三百元，这些隐性支出难以被重视，却又令大多村干部左支右绌。因此，除却健全激励机制、提高工资待遇，做到不拖欠工资、提高青年人的党性等也是破除青年村干部职业动力不足问题的一个重要因素。

村干部老龄化制约基层统计工作也是迫在眉睫的难题，尤其在社会日益数字化的趋势下。兆答村的长老治理虽有可取之处，然而面临村落繁杂的统计工作等，现在仍采用纸质、手写的方式，与上级的沟通方式也主要通过文字材料、视频等方式进行，其工作量及不便之处不言而喻。龙口藤村的前任村长本身在村落中有较高威望，但由于不具备计算机使用能力，不擅长使用微信等，该村所在的村委会还是会选择培养接受新事物快且年轻的王申川。谈到村干部的接班问题，木者村的村支书认为，现在村里有两个大学生，一个是副村长，一个是文书，只要多多积累经验，并不愁"后继无人"。龙口藤村的王申川目前也正在培养几名村内能力较强的年轻人，觉得他们接替的意愿也很强。但是，龙口藤等村落的村干部表示，目前年轻人都在外面打工，村落已然"空心化"，加之工资待遇与工作难度并不匹配，根本没人愿意担任，自己还需要再多干几年。

基于以上讨论，笔者认为，村落权威的维持依赖多元权威的存在，应发挥不同年龄层的治理优势，例如整合老人在生活经验方面的治理智慧和年轻人在现代信息技术方面的能力，共同参与村落建设。同时，工资拖欠、职业动力、青年人的党性、信息技术培养等方面的问题也亟须解决。

留守儿童的关爱服务路径探索

"西畴精神"声名在外，据西畴县委党校张宪富老师介绍，"在各地的务工人员当中，都喜欢要我们的西畴人，因为从他们的生产中就体现出不怕苦不怕累，能够吃苦耐劳的这种精神，至少就在他们身上体现出来。在很多厂家都给我们这种信息，西畴人优先使用，很多地方，都有些听说是西畴人，马上就录用，并且工资还要比其他要给得高一些"。[1] 可见，西畴人在外务工时相对于其他地域的人更容易竞争到工作，而受限于本县有限的发展空间，西畴人也更愿意在外务工。且在此次调查中，不少政府官员都承认务工收入在西畴脱贫增收的工作中发挥重要作用，各乡镇政府也采取多种措施，诸如"就业协会＋人力资源公司"等，鼓励待业人员外出务工增加收入。2020年初，新冠疫情以来西畴县向外输出劳动力的步伐也没有停止，截至2020年3月5日，西畴县共向外转移就业32617人[2]，可以说西畴是文山州有名的劳务输出县。

劳动力大量外流带来一个显著问题便是留守儿童的照顾问题和农村老龄化问题，本书关注的主要是留守儿童问题，且在乡村由于公共基础设施的缺乏留守儿童问题尤为明显。对于留守儿童来说，父母角色的长期缺失难免会对儿童的成长发育带来不利影响，使留守儿童在生理上和心理上遭受更多磨难，难以成为符合社会要求的成员，为社会稳定埋下隐患。目前关于留守儿童问题的研究汗牛充栋，涉及教育、性格、网络成瘾、性行为、犯罪、性侵害、心理安全等多个方面，对于相关问题的应对之法也是各有千秋。西畴县作为劳务输出大县，同时也是留守儿童大县，对其应对留守儿童问题的方法进行调查是有必要的。在调研中，笔者发现留守儿童的特征大抵可以确定为富裕且贫乏，留守儿童在物质生活上是富裕的，但是在娱乐方式、精神陪伴等方面是贫乏的。

帮扶措施：少年儿童之家和家庭走访

目前，据调研组了解西畴县对于留守儿童的关心帮扶措施主要有两条，即建立少年儿童之家和对留守儿童家庭进行不定期走访。

---

[1] 2021年7月21日，对西畴县委党校张宪富老师的访谈。
[2] 西畴县人民政府网站，https://www.xczw.gov.cn/ztzl/fqfjjzfgfc/content_18084，下载时间：2022年8月11日。

调研组在走访西畴的几个乡镇时了解到，乡政府会不定期对乡内的留守儿童家庭进行走访了解实际情况，帮助改善留守儿童的物质生存环境。不过主要针对的是留守儿童家庭经济状况的调查和了解，帮助解决家庭持续稳定地向下一代提供抚育服务。

根据《文山州"少年儿童之家"实施方案》的精神，要坚持整合各方力量与资源构建关爱少年儿童"安全网"，根据各村实际，依托现有场地，在行政村或村小组选择活动室、学校等场所设立"少年儿童之家"，并在寒暑假、国家法定节假日、周末服务18岁以下少年儿童①。

西畴县以此为契机，部分乡镇将本县原有的周末课堂挂牌成为少年儿童之家，将服务时间由原本的周末调整为寒暑假周一至周日，学生上学期间则定在周末两天，请乡镇学校的老师以及社区内的大学生来做志愿者辅导学生作业、培养学生兴趣。调研组走访了位于西畴县露新镇徐行社区和位于开博乡龙口藤村小组的少年儿童之家，在对少年儿童之家的小朋友、老师、大学生志愿者的访谈中了解到其服务的对象主要为社区内的留守儿童，其目的一方面是在于弥补他们学业上的相对落后，另一方面则在于丰富他们的娱乐生活之时，防止他们在无人看管的情况下下河游泳，不慎溺水。

局限：关怀留守儿童的精神世界

西畴县目前应对留守儿童问题的两种路径体现的是在抓重点的同时又重视整体情况，以点面结合的方式多方位地关注留守儿童的生存需要、受教育的需要、心理健康发展的需要等多个方面。

但是我们也应看到，不定期的走访所提供的服务是有限的，其对于留守儿童的精神世界并没有过多的关注。而少年儿童之家对此虽然有所弥补，但是其成立时间短，效果目前看来虽然是值得肯定的，但是它对于学生和服务人员来说都是自愿的，服务的对象也不仅仅有留守儿童，且大学生是该项目服务的主要提供者，随着假期

---

① 文山壮族苗族自治州人民政府网站，http://www.ynws.gov.cn/info/1121/297157.htm，下载时间：2022年8月11日。

的结束，少年儿童之家则会面临终结的风险。彼时的留守儿童在放学、放假回家后，缺乏父母的陪伴可能又会回到电视、电脑、手机前，凭借着贫乏的娱乐方式来消磨时光，这将会对儿童的精神健康埋下隐患。

小县要办大教育，穷县难办富教育

西畴县不是大县，也不是富县，但对教育是相当重视的，全县朝着"小县办大教育，穷县办富教育"的方向去努力。2017年县委政府提出"不等不靠不要"，在土地资源短缺的条件下，县城仅有的650亩和露新开发区138.2亩最具开发价值的黄金地块用于办学；在县级财政紧缺的条件下，举债6.18亿投入教育项目建设。

"小县要办大教育"：考核机制引领教育布局

从县教体局的角度而言，上级对其的考核主要看三个指标，学前三年毛入园率、九年义务教育巩固率和高中阶段毛入学率，称"三率考评"。基本上，县教体局也会朝这三个方向进行努力。

县内目前共有在园（班）幼儿8151人，幼儿园70所，其中公办园62所，民办幼儿园8所，形成良性竞争，并在边远山村设立山村幼教点65个，学前三年毛入园率达到了85.25%。已争取到500万左右的中国发展基金会帮扶，实施"山村幼儿园计划"项目以支持幼儿园教师聘请；每年800万左右的中国社会福利基金会帮扶，实施"免费午餐"项目以支持农村学前儿童的营养改善。

县目前九年义务教育巩固率为95.14%。这很大程度上得益于2020年6月西畴县第三中学（以下简称"三中"）的成立。三中成立的背景与脱贫攻坚阶段作为外出务工大县的西畴县需要完成控辍保学的任务息息相关，因此从成立之始，三中就承担着控辍保学的兜底功能与补充全县教育力量的功能。三中实行封闭式全日制集中管理，针对的对象是西畴县内辍学时间较长、已婚、超龄、初三年级辍学的复学学生和长期游离于课堂之外的疑似辍学学生，联合教师、民警、医务人员三方力量,通过以"七课八塑一积分"① 为主的教学模式,以引导、帮助、教育为宗旨,突出行为矫正和感恩励志教育,搞好综合实践活动课程,帮助学生完成学业。

县目前高中阶段毛入学率为88.73%,完全中学2所,职业高中1所,民办普通高中1所。不仅实现了县第一中学、第二中学和职业高级中学的整体搬迁县黄金地段办学,还实现了合作办学的新突破,引进了三好教育集团进驻西畴开展合作办学,按程序成立民办高中靖源中学,并将县二中等两所学校进行托管。

"穷县难办富教育":县域教育的困境与应对

但同时,由于县级财政紧缺等原因,西畴县内的教育也存在以下几点问题,这些问题中有些寻找到相应的解决办法,有些仍处于探索阶段,以期未来解决。

其一是优秀教师留不住的问题,该问题又可以细分为教师基本工资保障、生活配套保障、绩效考评激励和个人流动意愿四方面的问题。

教师基本工资保障问题指的是由于目前乡村幼儿教师是由中国发展基金会的援助资金支持,但该基金提供的支持并不是长期稳定的,因此存在该基金无法提供支持之后乡村幼儿教师的工资保障风险。

生活配套保障问题中比较突出的是县城内教师的住宿问题。尽管去年推进城区教师周转房建设,拟在县城建200套房,预计建成后能基本满足教师需求,但该方案目前并没有得到实施。

绩效考评激励问题指的是由于资金短缺,目前对教师的管理方案只有考核而没有激励。且与公办学校教师暂停绩效激励的状况相比,

---

① "七课"指的是"军事训练课""法制教育课""传统文化、感恩和精神教育课""心理健康教育课""体育劳动教育课""专业技能训练课""义务教育文化课";"八塑"指的是强化投入塑校、强化招生塑源、强化教学塑心、强化管理塑形、强化关爱塑情、强化活动塑业、强化实践塑能、强化精神塑魂;"一积分"指的是学生考核积分化,入校时一切归零、从头开始,完成每周任务得5分,表现突出的给予一定的积分奖励、未完成任务的扣分,积分达到100分以上方可申请返回原学校就读。

民办学校的教师是能拿到不菲的绩效激励的。① 目前，针对名师名校长的绩效考评激励问题，州里目前已出台的《文山州教育高质量发展十二条措施（试行）》中提到"州委政府提出用3000万来进行教育的奖励，名师名校长改革发展"。

个人流动意愿问题指的是由于西畴县的教师群体中，来自外地的教师将近占总群体比例的2/3，本地教师仅占1/3，这很大程度上是由于西畴县的教师编制相对好考，因此很多外地老师在"考过来"之后就想着调动的问题。针对教师外流意愿比较强烈而影响到西畴本地的教学质量这一问题，当时分管教育的副县长杨益章提出了一个对策后于2020年8月出台了《西畴县教师流动管理办法（试行）》，该政策中提到"综合测评成绩排名在前20%范围内的人员方可申请流动"。这一政策不仅兼顾了西畴本地教育质量，也考虑到教师个人流动意愿。

其二是优秀学生留不住的问题，调研组在调研过程中了解到每年中考优秀生流失率竟达40%。

其三是学前教育教师编制的问题。由于学前教育教师需求量非常大，需要占用中小学教育的编制。一些老教师②在近三五年集中退休，县教体局用这些编制给到学前教育的老师，但这会导致中小学教师编制人数不够，于是县里就将学生集中起来接到乡镇读书。这在一定程度上缓解了学前教师编制的需求问题，但同时也增加了乡镇办学中教学质量的压力。

其四是城乡教学质量差距大的问题。目前县里为推动城乡教育一体化改革，提出集团化办学改革，将全县8所县属校（园）及10个乡（镇）中心学校划分为四个学区制教育集团③，全面实行"八个统一"④的抱团式发展办学模式，使集团内实现资源共享、优势互补、

---

① 一般事业编教师工资约为5000元/月，某些民办学校教师的绩效也能达到将近5000元/月，民办学校教师的工资一般能达到7000元/月。
② 这一批老教师多为通过转正的代课教师。
③ 四个学区制教育集团指同兴教育集团、精宇教育集团、莲花教育集团、靖源教育集团。
④ "八个统一"指办学统一理念、师资统一调配、经费统一管理、资源统一调度、教研统一组织、质量统一监控、活动统一规划、考核统一评价。

以强带弱、城乡（校际）一体、均衡发展的目标。

除此之外，西畴县将本地特色的"西畴精神"融入思政教育之中。以"西畴精神"进校园活动为契机，通过编印"西畴精神"连环画册《不屈的精神脊梁》2000册，利用教育信息化资源开办弘扬践行"西畴精神"思政大讲堂，激发了师生积极上进、热爱家乡的精神，解决了思政教育疲软和家庭教育困惑的问题。

由此可见，西畴县从教育资源的先天优势而言并非得天独厚，目前也仍有种种问题亟待解决，但各级党委政府能想法子、敢先行动，西畴县的教育获得了重视，也办出了特色。

石漠化山区水电供应的瓶颈

基础设施是经济发展的先导和基石，对社会民生起着重要作用。而在石漠化山区，受自然环境影响大，供水问题、用电问题一直是影响西畴县人民提升生活质量的重要因素，也是县内基础设施建设中的重中之重，本文将讲述西畴县这样的石漠化山区发展水、电面临的困境。

自来水供应的新问题

西畴县的供水之困，在过去，体现为缺水面积大、挑水距离长、受气候状况影响大；在现在，体现为农村自来水的不完全普及和城镇基础设施的不完全搭建。

西畴县境内大部分地区属于岩溶区，喀斯特地貌广布，降水虽然丰富，但下渗严重，地表多缺水，没有完整水系。大量降水转换成地下水，成为岩溶地区除了自然降水外为数不多的可利用的重要水源。20世纪中叶，西畴县人民主要靠挖石槽、打地窖积水备用。随着生产力发展、农业用水的增加以及人口增长生活用水的增加，县内缺水面积逐渐增大。这些缺水地区的群众，往往需要在天还未亮之时就出门，往返数公里至十多公里到其他地方挑水。遇到干季，泉眼、水井枯竭，人们不得不饮用黄泥巴水，有时甚至连泥浆水都没有办法得到。西畴民谣"先洗脸后洗脚,洗了脸脚老牛喝"就反映了西畴县缺水条件下一水多用的情形。

而现在,西畴县大部分地区都已经接通自来水,基本实现供水现代化,然而,在部分村落,仍使用水窖、水泵等较为原始的方式取水。具体来说,存在着水压不足、取水对劳动力要求高、水质没有保障三个主要问题。水压不足,以老黑箐为例,这里村庄的用水主要依靠收集雨水解决,村中目前暂时无法使用统一的自来水。调研人员从村小组组长处了解到,为了确保村庄的用水,政府曾提供技术支持和人才支持,但由于水压不足,建设完成之后不久便无法使用。基于此,村中的厕所改造并不完全,从外观上看挺精致,但真正使用时会发现仍然是"旱厕"或者根本无法冲洗。客观因素的限制加上科技赋能的困难,使自来水供应尤为艰难。取水对劳动力要求高,主要体现在由于村里大部分劳动力外出务工,村子里以老年人和留守妇女、儿童为主,采用水泵方式取水,又需要一定的力气,对使用人群不友好。水质没有保证,是水窖取水方式的限制。水窖是用于收集雨水的,并没有太多的过滤系统,且里面的水存放时间较长,水容易腐败变质,产生大量微生物,引用这种未经处理的水易引发肠道疾病。

而城镇供水基础设施的不完全搭建问题,以龙潭的某理发店为例,店主透露,店里用的水不是主水管,而是在临街的街道上。"有水管但是由于设施没有搭建齐全,并没有通水。""政府说这个一直在弄了,但是弄了好多年一直是这个样子",由于没有通水,目前店内用的是很久以前修建的水塔。"这对我们做美发的确实不方便。"也许这位店主的经历是个例,但从这个例子中我们也可以看到供水还没有打通供向群众的"最后一公里"。

面对诸多问题,西畴县政府多措并举。在其制定的农村供水保障三年行动项目,明确提出在农村开展水网工程建设[1],建设智能抽水系统降低提水费用;加快重点水源工程建设,实施水系连通工程;推进农村生活污水治理,建设污水管网等措施和目标。但目前还处于实

---

[1] 西畴人民政府网站,https://www.xczw.gov.cn/zfxxgk/fdzdgknr/ggsy/content_31222,下载时间:2022年8月18日。

施前期，具体效果有待观望。

电力供应的新困局

西畴县的用电之困，主要体现水电的不稳定性、基础设施的不完全建设和电力设施负载过重等方面。

西南季风气候区发电大多采用水力，西畴县也不例外。据县志显示①，20世纪60年代后期，县内有水源条件的地方，曾先后建成小水电站36座，但后期因水源不足、管理不善、效益低等问题而先后停办。目前，在条件成熟的地方建了更多水电站，基本能满足县内用电需求，实现县内电网全覆盖，然而，囿于水力发电流量不稳定、受自然因素影响大等特点，西畴县供水仍然受限。如果像2022年川渝地区一样，遭遇季风环流改变降水急剧减少等突发情况，民生将难以保障。据相关人员透露，"今年天灾影响大，前段时间降水特别不稳定……到目前今年停了三四次电了，每次都在十几个小时，还没有通知……"。某种意义上说，西畴县面临的水电不稳定问题，也是西南山区面临的共同问题。

基础设施的不完全建设，指在部分农村地区，农民建房后需要自己拉通电线、安装电表，由于缺乏统一安排，会存在变压器的设施设置不合理、电路混乱等问题②。"农村用户缺乏对其生产用电设备的安全投入和检查，不合格的导线、插座普遍存在，用户末级剩余电流保护装置的安装、投运率低，使农村用户用电设备自身安全隐患突出。"此外，没有独立的电表箱也会影响农村供电的便捷性。

电力设施负载过重，指随着人民生活水平的提高，很多居民开始使用电冰箱、电视等大功率电器，③"但是长期没有更换的家庭电线、开关和插座等出现难以负荷的现象，多处居民家庭出现电线烧焦，插座变形问题"，很多居民并没有意识到这个问题，防范意识不足。

---

① 云南省西畴县志编纂委员会主编：《西畴县志（1911—1988）》光盘版，云南人民出版社2012年版，第201页。
② 汉源县人民政府网站，http://www.hanyuan.gov.cn/gongkai/show/e5e01a102d5e3c49762116903730a399.html，下载时间：2022年8月26日。
③ 汉源县人民政府网站，http://www.hanyuan.gov.cn/gongkai/show/e5e01a102d5e3c49762116903730a399.html，下载时间：2022年8月26日。

目前，针对这些问题，西畴县提出了建设综合能源网的目标，推进电力供应网络建设和能源建设工程。比如增容工程项目建设，在木夏、釜鼎等建设了 5 个加油站，鸣明乡铝土矿采空区争取集中式光伏发电项目开工建设。此外，通过科技赋能电网建设，比如面对 2021 年受到铝业集团用电影响的区域，目前在建设智能传感器，逐步实现全域更换。但这些工程前期投入资金大，回收周期长，目前还处于建设阶段。

最后，让我们跳出西畴的视野，去看更广阔一级的电网供应。水电和火电是最常见的两种电力供应，西南山区水电丰富，但是因为季节的流量变化，冬季时难以保障需求。对于用水的民众和企业，就需要有另一种电补充，而火电厂维护成本高，不能随便关停。这个时候水电和火电就是矛盾的。面对这种情况，我们的处理办法是将西南地区丰富的水电输往工业发达、用电量大而又缺电的地方，协调电力的同时还能逼停一部分火电站，到达生态保护的效果。问题是，当气候异常变化，极端天气来临，"一盘棋"的供电模式就会出现问题：输电区面临着民生用电得不到保障和要持续输出电供应缺电区的双重压力。在这样的矛盾下，极易产生地区矛盾。政府在未来仍需着眼于健全电力供应保障体系，完善多种方式供电系统，着力解决电力供应的困局。

后"厕所革命时代"的挑战

厕所革命是一个历时长、范围广、涉及空间与文化多方面的民生工程。学者周星认为"厕所革命"主要指某一社会基于其内在自发的驱动，或者在外部，例如国际社会的帮助或刺激下，对其排泄行为管理、排泄物处理设施及相关系统进行升级换代之大幅度改造的一系列举措的总和。[1] 早在 20 世纪 50 年代，为控制鼠疫等急性传染病的流行，国家就曾提出厕所清洁、新建或改建厕所的相关内容，并从

---

[1] 周星：《道在屎溺：当代中国的厕所革命》，商务印书馆 2019 年版。

50年代起就致力于推进有百利而无一害的沼气厕所建设。而从1993年起，全国各地均相继制定出台了相应的鼓励农民"改厕"的政策，农村"改厕"再次正式提上日程，直到今天西畴县的卫生厕所建设也依然在进行当中。

2018年，国家启动农村人居环境整治三年行动，投入144亿元整村推进农村厕所革命。2021年底，三年行动方案目标任务全面完成，全国4000多万户农村户厕得到改造，农村卫生厕所普及率超过70%①，农村作为"厕所革命"改变影响最大的地区，本书主要关注的是西畴"农村以旱厕改良和建设无害化卫生沼气厕所为主的改厕运动"②，以及农村地域范围内的公厕建设。"厕所革命"助力脱贫攻坚，而在如今的全面小康和乡村振兴时期，根据统计数据，我们可以说全国已基本完成农村改厕的任务，总体上步入后"厕所革命时代"，厕所已不再是"现代化"的限制。

"厕所革命"在乡村的遗留问题

"一般来说，农村的改厕往往需要经历'粪便管理''卫生改厕''无害化厕所'等几个递进的阶段"③，西畴县也并不例外。在釜鼎乡，我们了解到，脱贫攻坚时期主要打造卫生厕所，将旱厕改成冲水式厕所，现在乡村振兴时期要将化粪池改造成三格式，使其无害化。对于"厕所革命"相对滞后的西畴县来说，在后"厕所革命时代"，依然要面临"厕所革命"遗留问题的挑战。

据统计，截至2020年底，西畴县"完成农村卫生户厕改造47144座，占改厕基数52198户的90.32%。其中无害化卫生户厕24764户，占改厕基数的47.44%，无害化卫生户厕推广普及率比2017年底提高23.99个百分点"。④而在露新镇叶泉村小组，我们发现，当地村民家中如今依然是未经改造的旱厕。由于海拔原因，当地

---

① 网易网网站，https://www.163.com/dy/article/H4RF6NLI0539CFZW.html，下载时间：2022年10月30日。
② 周星：《道在屎溺：当代中国的厕所革命》，商务印书馆2019年版。
③ 周星：《道在屎溺：当代中国的厕所革命》，商务印书馆2019年版。
④ 戴世飞、李元、谢学东、赵应刚：《西畴县农村人居环境整治提升策略研究》，《云南农业》2021年第5期。

提水费用较高，尚未实现自来水的供水到户，缺水问题较为严重，难以实现冲水式厕所的改造。根据《云南省实现巩固拓展脱贫攻坚成果同全面推进乡村振兴有效衔接农村供水保障3年专项行动方案》，西畴县计划通过水库安装相应的管道解决供水问题，并修建抽水蓄能电站解决提水水压问题。这充分说明农村改厕与农村供水两大工程紧密联系在一起，要解决这一厕所革命未完成的遗留问题，首先要完善农村供水系统。

"没人、没钱、没观念"[①] 依然限制着西畴县对农村厕所进一步升级改造。釜鼎乡藤柴村的一位综治专干告诉我们，经费不足与群众思想观念限制依然影响现阶段对化粪池进行三格式改造的工作，而家中缺乏青壮劳动力的农户更是不积极。并且在西畴县各村的生活过程中，我们发现，虽然许多农户家中已改造为冲水式厕所，但是厕所环境依然难以称得上干净卫生，一打开厕所的门，苍蝇蚊虫在昏暗的环境里"腾"飞起来。据调研组观察，这一方面是由于这些厕所旁是牲畜的棚窝，另一方面更值得注意的是部分村民或出于节约用水以省钱的考虑，或由于没有厕后冲水的观念和习惯，他们虽然修建了冲水式厕所，但是并没有及时将"粪便"冲走，从而造成"粪便"在空气中暴露，吸引蚊虫、滋生细菌。因此，在后"厕所革命时代"，如何改变村民的思想观念，在社会文化层面解决厕所革命效果维持问题，成为一大挑战。

除去农户家中的厕所，各村委会、村小组活动室也修建了农村公厕，截至2020年底，西畴"在全县累计建成1158座农村公厕，其中行政村70座，村小组1088座，村小组公厕覆盖率63.59%"[②]。与农户家私人厕所不同，在后"厕所革命时代"，公厕面临着如何维持管理和养护的问题。我们注意到龙潭乡桦地村委会公厕门口贴着由村支书负责维护的贴纸，而在许多村的村规民约中也写了由村小组长等负责活动室公厕卫生的规定。在实际情况中，村小组活动室的公厕使用

---

① 人民网网站，http://politics.people.com.cn/n/2015/0725/c70731-27359610.html，下载时间：2022年10月30日。
② 戴世飞、李元、谢学东、赵应刚：《西畴县农村人居环境整治提升策略研究》，《云南农业》2021年第5期。

频率较低，实易造成浪费。而在景区的公厕多由政府投资修建，也依靠政府拨款进行日常管理和养护，我们发现三光景区的公厕里贴有广告，实现了"以厕养厕"的新探索，挖掘公厕的商业价值，通过对公厕的商业化经营获得管理和养护经费，不但可以有效减轻财政的负担，而且让公厕的管理养护进入一种良性的循环，进而得以保持"厕所革命"的成果，避免一些公厕重新陷入"脏乱差"的境地[①]。

垃圾处理的窘境

西畴县于2018年起向全县推行"5分钱"工程，这解决了村内公共区域垃圾遍地、无人清扫的问题，使村容村貌得到极大改善和提升。而县里会出资聘请专业的垃圾回收公司将各村"5分钱"工程所清理出的垃圾统一拉到城里集中处理，这虽然解决了由村至县的垃圾处理问题，但由于资金短缺，各村内普遍存在"垃圾桶"短缺的情况，村小组内部的垃圾处理问题尚未得到有效解决。如西畴县鸣明乡温土村民小组就由于地理位置偏僻、地势高且崎岖，所获得统一投放的垃圾桶较少，更多依靠凿空的木桩作为垃圾容器，村内垃圾处理困难且各种垃圾混杂，有害垃圾易通过木桩向土地下渗重金属等污染自然环境。而在露新镇叶泉村民小组，我们观察到由于村内只有一个垃圾集中投放点，而该点位于村入口处，与大部分村民家都有一定距离，这就出现了有村民将垃圾投放在路边地里、形成一个露天垃圾集中点的情况，极易造成污染。

2021年《中共中央 国务院关于全面推进乡村振兴加快农业农村现代化的意见》明确提出："实施农村人居环境整治提升五年行动。健全农村生活垃圾收运处置体系，推进源头分类减量、资源化处理利用，建设一批有机废弃物综合处置利用设施。"而农村实行垃圾分类也是垃圾管理体制的重要环节，对于改善农村人居环境、推动城乡一体化发展、助力乡村振兴具有重要意义。因此，解决垃圾桶短缺问题，宣传、推行垃圾分类，对于后"厕所革命时代"的农村来说是

---

① 中国经济网网站，http://views.ce.cn/view/ent/201903/06/t20190306_31622998.shtml，下载时间：2022年10月30日。

一大新挑战。

打通农村客运的"最后一公里"

21世纪初李华明的"最后一公里"让百姓走出了大山,从此路通了,人能出来了。而在今天,群众的需求已经不满足于人能从村子里"走出来",而是要村子里"车子通",人能更快、更方便地出来,更好、更安心地出来,造福村里村外的百姓,因此,不仅仅需要健全公共交通网络方便现在村子里留守的老人小孩,也需要未雨绸缪考虑未来可能吸引到的投资者、外来游客的需求。这不仅仅是符合国家对县域交通出行的新的期望,也是在与平原上的村落互相距离不远的情况恰恰相反的村子间距离远、山路难走的西畴真实的需求。

目前,西畴农村客运依赖于西畴通达农村运输有限责任公司。该公司成立于2006年,主要经营项目包括西畴县内出租车[1]、农村客运以及客运班车,主要业务包括包车外出和赶街出行[2]等。农村客运车辆为车主所有,统一为8座面包车,驾驶员需要获得客运资格,且每年需交1800元管理费用。

目前,西畴县内无网约车[3]的出行方式,相关政府部门也认为农村客运暂不需要平台化运营。其理由如下:就受众而言,首先西畴是外出务工大县,人员需求量本身就不大,年轻人可以通过摩托车和私家车便捷出行,因此农村客运的受众主要是老人,而村里的老人80%不会用智能手机;就现状而言,目前基本上每个村都有农村客运,司机与客户相对熟悉,通过打电话的方式能在很大程度上解决村里急事需求;就价格而言,农村客运由市场调价,天价客运基本不存在。

---

[1] 共有40个出租车车位,但目前仅有20人左右的实际车主,主要联系方式为电话联系,出租车无明确的收费标准,不进行打表,一般为车主与客户协商价钱。

[2] 西畴县内6天赶一集,农村客运会到村子里拉车。

[3] 网约车在西畴进行过一段时间,但由于西畴县内流动人口较少且多为老年人,故失败。

但从经营风险的角度看来，西畴通达农村运输有限责任公司对西畴县内的交通垄断式经营在一定程度上会增加经营的无序性与随意性的风险；从基础设施的角度看来，缺乏数字化的参与也在一定程度上阻碍了西畴县外来人员与本县在政治、经济、文化等方面的交往活动。

据现有情况看，西畴县可以尝试通过建立数字化交通平台、建立志愿者"接送对子"网络的形式来改变现状，也可以想办法思考如何利用市面上已存在的网约车资源来改变现状。子一公司是唯一一个拿到了牌照的网约车公司，网约车公司的老板确实发现了西畴交通出行中的商机，但苦于受限于网约车的资质，只能在"县—县"、"县—乡"之间跑，而不能真正深入"乡—乡"、"乡—村"的交通出行。

"等才是办法"？
——不可挫伤的能动资源

"西畴精神"中的"等不是办法，干才有希望"体现出的是一种实干的奋斗精神。但就是在具有如此能动性的西畴县域内，调研组在对各级干部、企业家、普通百姓等的访谈中发现一部分人身上出现了一种"等才是办法"的疑问，以致其做"事"时能动性不足。究其原因，笔者认为要回到对各级政府行为机制的分析之中。上级政府指导下级政府的行为机制有多种，为达致其特定目标的激励机制与为整体性水平提升的兜底机制是其中两种。这些年来，西畴自身凭借着"西畴精神"已获得了一定的政治资源，顺利完成了脱贫攻坚的任务，迈入乡村振兴阶段；但除此之外，我们也不能否认其自身所面临的限制，忽视其处于激励边缘、无缘兜底政策的困境。

处于激励边缘的西畴：边境小康村规划不到的边境邻近县

2021年，云南省委、省政府为进一步巩固脱贫攻坚成果与乡村振兴有效衔接，制定实施了《云南省建设现代化边境小康村规划（2021—2025年）》（以下简称《规划》），《规划》的主要目标是到

2025年，把沿边一线的行政村（社区）建成现代化边境小康村，增强沿边民族地区治理能力与边疆各族人民对党的领导的坚持与认同，建设范围覆盖25个边境县（市）。

西畴并不属于边境县，因此也无缘该政策能享受到的红利。但西畴是边境邻近县，西畴与能享受到该政策的边境县所面临的困局也非常相近。例如地理位置方面，其二者区位条件均较差，是典型的山区县，缺乏产业发展的条件，远离政治中心，由于深山区的耕地面积少而贫瘠，加上交通不便、基础设施差、抵御自然灾害的能力差等原因发展要素贫乏；自然资源方面，水资源利用率低，土地资源缺少；发展时机方面，西畴虽不像一些边境县直接为战争前线，却也是战略后方，西畴与其他边境县一样为"后发"县；观念意识方面，早期人民群众思想观念也较为落后。与西畴致贫原因相似的、紧邻的一些边境县因为该政策享受到了上级政府很大的扶持而大力发展了起来，西畴县内的百姓得知情况后难免感到自身"不受重视"的落差与难过。

无缘兜底政策的西畴：帮扶线之上的需要帮扶县

为扎实推进普通高中项目建设工作，2019—2020年文山州投资31.42亿元，规划新建普通高中15所。文山州共辖8个县（市），除西畴之外的7个县（市）均有新建普高的投资规划。

但在此之前，西畴县在教育方面所做的努力与投入是巨大的。其一，县委政府融资贷款建城北一中片区与城南职教片区，拿黄金地段办教育，目前至少还差着至少3亿的财政缺口。其二，县里引入企业合作办靖源中学、请名牌校长，起初校址成问题，县里先把学生放在二中暂寄第一学期，后又另寻校址，最终落定城关中学与思源学校后，又遇招生生源受限，花重金"请"优秀生念书。其三，县里为了解决教师不精于教学反而一心扑在"调动"的不正之风，大刀阔斧地进行考核制分流改革，花钱给教师做回流培训，让全体教师全员竞聘上岗，还出台了一个老师只有"做得好才能调走"的教师流动办法来留住教师人才。其四，在各级财政吃紧的情况下，为了"控辍保学"，县里非常有魄力地成立了县三中，筹资投入100万改造西畴县三中的校舍，改变了 148 个小朋友的前途命运。

这些事情做完之后，对西畴县的教育共有四方面的好处。第一，留下了一些好学生。靖源中学进来之前，初三毕业的前 20 名从来没有留下过，都往昆明、建水跑。而靖源中学 2020 年招生的时候，中考县里前 100 名的生源中，县里留下了 40 多个学生，算取得了突破。第二，教学质量全面提升。小学初中的教学质量全面提升；引进的靖源中学招的第一届高一学生，成绩已经完全超越县一中。第三，打造出了竞争的环境。引进靖源中学之后，原本"一枝独秀"的县一中与靖源中学形成了较为良性的竞争机制。靖源中学教学压力很大，所有的老师都要研究教学。为了不输给靖源中学，县一中的老师的积极性、教学的思考研究上了一个档次。第四，提升了整个教育体系的精气神。调研组到西畴县第三中学调研的时候发现，三中成立之后，县里的财政仍然十分紧张，后续三中办学所需费用更多的是三中校长凭借自身社会资本去各处"化缘"所得；从书籍到桌椅再到孩子的冬衣，很多时候办公用纸等基础办公用具也不能保障。三中办学以来，校长既看到了成绩，也发现了问题：从三中出去的学生仍有部分因适应不良或是因为受自身或家庭所限被迫中断学业、外出打工、混迹社会。三中校长并没有灰心丧气，而是积极主动地寻求改变：他已与广州一企业洽谈合作，想在三中扩大规模、建立职业高中部，教给孩子们 3D 打印等高科技技术，增加孩子们将来在社会中就业谋生的资本。

西畴县上下为全县教育的付出是巨大的，在教育方面，西畴可能已经不算是在帮扶标准线之下的县域，但西畴的教育仍然需要上级政府的支持。当县里的干部得知全州规划新建普通高中 15 所的名单中西畴 1 所都没有时，部分干部会觉得有一些苦恼与迷茫，他们不知道"等"究竟是不是办法？是否应该"干"？要"干"到什么程度？我们先"干"了之后上级政府还会不会来支持我们？

笔者认为，不论是干部、企业家还是群众，能动性对于所有人与组织而言都是一种宝贵的资源，是不可挫伤的。因此，政府上下级的指导中，是否在为达致其特定目标实行激励机制时，也关注到未被纳入激励范围之内，但实应激励的地区？是否在为整体性水平的提升实行兜底机制时，也关注到在帮扶线之上，但仍需帮扶的地区？西畴县所遇到的疑问不仅仅是西畴一县的疑问，也是全国上下普遍存在的问题，笔者也希望该问题能成为一项议题，得到普遍关注与回应。

（执笔人：梁兆哲、李文哲、安龙凯、陈婧璇、
高思蓉、李会泽、鲁思妍）

小县能人

基层治理是使不同甚至冲突的利益诉求得以调和，进而达到集体行动的持续过程。西畴的基层干部在脱贫攻坚、乡村振兴过程中普遍焕发出令人印象深刻的政治活力，这为整个县域的发展建设创造了至关重要的条件。具体来看，"小县能人"可以操作化为基层正式精英、基层半正式精英、基层非正式精英、当家的女人四个维度，围绕"谁在治理""如何治理""治理怎么样"三个核心主题，首先在廓清概念的基础上，在《基层正式精英》一文中，以"县乡干部"和"驻村干部"两类群体为代表，分析身处行政系统、本身具有法理权威的基层正式精英在具体治理中如何树立魅力型权威，实现有效作为。在《基层半正式精英》一文中，聚焦"村级干部"分析其权威获取和治村逻辑。在《基层非正式精英》一文中，以"经济能人"为代表提出这一群体对于西畴经济发展的重要性。在《"当家"的女人》一文中，以性别视角为切入点，分析女性在地方建设中的角色扮演及行为特征。

田原史起将"在农村较有影响力、威信较高，可超乎私人利益，为公共利益、共同目标发挥带动能力的个人或是在必要时能发挥这种潜在力的个人称作农村精英"。依据权力是否主要来自"公"，而将农村精英区分为正式精英和非正式精英，正式精英相当于基层干部，非正式精英则范围广泛。[①] 这与贺雪峰对村庄权力结构的三层分析类似，"依据拥有权力的形式和影响力的来源，可以将当前中国村庄权力结构的人格化代表做三层分析，他们分别为体制精英，即掌握着村

---

① [日] 田原史起：《日本视野中的中国农村精英：关系、团结、三农政治》，山东人民出版社2012年版。

庄正式权力资源的村组干部；非体制精英，即在村庄有一定政治社会影响力的村民；普通的无政治的村民，即在村庄无政治社会影响力，但有潜在的参与集体行动能力的一般村民"。[1] 田原史起所言的正式精英和非正式精英分别与贺雪峰所言的体制精英和非体制精英相对应。虽然以上对精英的界定主要局限在"农村"范围，但其根据权力形式和影响力来源划分的理念，在县、乡两级也同样适用。

然而，正式精英和非正式精英作为一种理想的概念划分，在突出精英的角色地位和行为特征的同时，也不可避免地忽略了构成该概念的社会制度和文化背景，失去了契合现实生活的生动性和丰富性。在田野中我们注意到，但凡有号召力、权威感、能在地方建设中发挥一定作用的个人都有"一官半职"，诸如在山奈村担任"关工委小组长"的退休教师，在龙口藤田村担任"村民议事会主任"的包工头……真正意义上契合"非正式精英"的人物实际上少之又少，这就构成笔者在本部分尝试解构"正式精英—非正式精英"长期以来作为一种理想类型的可能。

基于以上讨论，本篇将"基层精英"进一步细分为基层正式精英、基层半正式精英和基层非正式精英，在概念上将田原史起定义的正式精英与非正式精英扩展至县、乡两级，并根据权力来源的"公"与"私"，将基层所有正式编制的精英称为基层正式精英，也可理解为基层政治精英；将在行政村与自然村一级中虽无正式编制但由县级财政统一发放工资的精英称为基层半正式精英；将其他虽无公权力但在基层具有相当影响力的称为基层非正式精英。

基层正式精英

基层正式精英存在于县、乡两级的基层干部中，也存在于由上级机关下派至村委会工作、拥有正式公务员编制的驻村干部中。本书以

---

[1] 贺雪峰：《乡村治理的社会基础——转型期社会性质研究》，中国社会科学出版社2003年版。

"县乡干部"和"驻村干部"两类群体为代表，分析基层正式精英在履职过程中的角色扮演与行为特征，进而尝试对基层治理机制做出一定思考。

"身体在场"：县乡干部的治理智慧

县级干部处在一个权威薄弱的节点上，学者周鑫宇从"双轨"视角解释县域层面的基层干部和村民之间的疏离：从下往上看，熟人社会的影响力从村庄向上递减，到了县域层面，对村民来说就进入了陌生人社会，由社会关联形成的权威关系会逐步递减；相反，国家政治体系的权威则是从上往下递减，村民认识国家主席，却可能不知道县委书记是谁。[1] 而恰恰在县域党委和政府这个对村民来说薄弱的节点，承担了落实国家政策、有效实现基层治理的最大压力。多数研究者认为，等级性权力体系的优点是让大规模的管理变得可能，但也对其固有缺点颇为警惕。比如政治行为主体在这种结构下可能会趋向于规避风险而压制创新，会出现部门之间的责任推诿和利益摩擦，[2] 这就使县级干部在贯彻国家意志和执行具体举措的履职工作中，不得不去克服科层结构中固有的缺点。本部分通过对西畴县、乡党政机构相关干部的深入访谈，尝试呈现身处行政系统、具有法理权威的县乡干部在基层治理中如何树立魅力型权威，实现有效作为。

县乡干部要在基层建立直接的、人格化的、可感知的权威，几乎只有一个办法——走到群众中去。[3] 杨引正是县级某部门的一个带头干部，在县域发展上有着突出贡献。对他而言，要有效推动基层工作至少需要两种权威：在班子内部的权威和群众面前的权威，并将权威的树立秘诀归纳为"充分交流"和"带领大家一起干"——笔者将其称作县乡干部在基层工作中的"肉身在场"。

---

[1] 周鑫宇：《中国政治的细节：一个县的减贫治理》，中国人民大学出版社2022年版，第139页。

[2] 周鑫宇：《中国政治的细节：一个县的减贫治理》，中国人民大学出版社2022年版，第140页。

[3] 周鑫宇：《中国政治的细节：一个县的减贫治理》，中国人民大学出版社2022年版，第142页。

"七个专项行动"①是西畴落实云南省爱国卫生运动的举措之一，以其中的"管集市"举例，在落实过程中，杨引正带领部门干部前往农贸市场，了解一个菜场的具体流动和日常管理，发现每当菜场收摊时，却鲜有人按照规定打扫自己摊位制造的垃圾。某一摊位老板承诺下午5：30会将摊位收拾整齐，但到了该时间点，却没有任何动作。杨引正就主动帮摊位老板打扫，同行20多位干事和摊位老板看见领导干部这样做以后常会觉得"不好意思"，进而一同行动，最终花了两个多小时将菜摊收拾得很干净，起到了很好的示范作用。杨引正还提及一个细节，考察过程中施工队将农贸市场的地下水管不小心弄破，水全部漫出来，工人就打电话叫供水公司来处理，而杨引正注意到，距离水露处1米左右的地方就有一个小下水道，他就自己跳下去用砖头解决了暂时的引水问题。在具体工作中的反应力、执行力是在班子成员间树立威望的一种直观方式，杨引正自己也提道，"我分管的部门之所以都服我，不是因为我扮演着重要的政治角色，而是在干事情、解决问题的过程中逐渐对我产生认可和信任"。杨引正的做法体现了基层管理中的一个重要做法——"表率机制"，而领导者的率先垂范恰恰是激活表率机制的关键。②

县一级的政策信息和政治压力或许尚有向下传递的空间，乡一级则要把县级的目标指示切实转化为实际工作。2021年12月，中共中央办公厅、国务院办公厅印发《农村人居环境整治提升五年行动方案（2021—2025年）》，据此，中共云南省委办公厅、省政府办公厅印发了《云南省农村人居环境整治提升五年行动实施方案（2021—2025年）》，文件提出"小菜园""小花园""小果园"的"三小园"举措以改善村容村貌，西畴县委、县政府依据该路线落实相关工作。以露新镇为例，该镇2022年1月开始规划"三小园"，依据村落的地理位置、群众积极性等因素选取示范村。东升村是该镇的示范点之一，据笔者在该村的参与式观察所见，该镇农业振兴局干部每周一会

---

① 笔者注：七个专项行动即清垃圾、扫厕所、勤洗手、净餐馆、常消毒、管集市、众参与，是云南省推动的爱国卫生运动。

② 周鑫宇：《中国政治的细节：一个县的减贫治理》，中国人民大学出版社2022年版，第147页。

前往该村进行指导工作,并与乡村民一起除草挖地、选择栽种品种,在劳动过程中向村民了解其对规划布局和利益补偿的满意度。对于规划"小菜园"往往会铲除原有种植作物这一问题,该地的使用者村民 A 讲道:"政府要做什么已经提前来打过招呼了,村里也开了群众会征求大家的意见……国家政策已经足够好,虽然补了 200 块确实不多,但帮忙在田边砌砖以后我们干活也方便,何况人家领导干部亲自来帮你干活,哪好意思再有抱怨。"笔者注意到,"不好意思"是村干部、村民在看到领导干部亲身参与劳动过程时常有的内心表达,这种"肉身在场"不仅是一种拉近距离、塑造权威的有效办法,也揭示了中国基层治理的一种普遍机制。

"情感治理":驻村干部的策略选择

如果说以县乡干部为代表的基层正式精英尚因"有限的肉身在场"悬浮于群众心中,受国家委派的驻村干部则因长期驻扎村庄而更好在群众中树立权威。2015 年党的十三大会议指出要在 2020 年实现脱贫攻坚的目标,为了更好地打赢脱贫攻坚战,中国共产党和政府选派大量的优秀干部进入乡村工作,以正式弥补乡村精英的不足,为乡村发展注入新鲜血液。[1] 驻村干部作为相对独立的第三方力量,既能扮演各种利益的平衡者,成为各方面力量的中间人,也可以接替村干部完成力有不逮的公务,并带动村民和村庄本地精英在政治上的成长。[2] 此外,他们还能为村庄带来外部的资源支持和思想观念层面的创新。[3] 但驻村干部作为村庄外来的人员,在当地缺乏较强的社会支持网络,常常在推进相关工作中遭遇村民的"无理由"抵制,面临一系列适应和融入难题。

为了解决这一困境,木者村的驻村干部马斯韦每周都要"跑村子",创造与村民见面的机会,以便成为熟人社会中的"公众人物",

---

[1] 刘畅:《外生型乡村精英的情感治理实践——基于独龙江乡驻村干部工作的观察》,《中共云南省委党校学报》2022 年第 4 期。

[2] 周鑫宇:《中国政治的细节:一个县的减贫治理》,中国人民大学出版社 2022 年版,第 101 页。

[3] 周鑫宇:《中国政治的细节:一个县的减贫治理》,中国人民大学出版社 2022 年版,第 101 页。

在村民中建立起权威。实际上,"跑村子"几乎是所有驻村干部的必要常态,这一权威的建立过程无疑需要大量的时间铺垫。除了通过"跑村子"与村民建立起情感沟通渠道,合理利用村落权威也是必要的辅助手段。咸时村是木者村下属的一个自然村,是一个"大家族",全村姓白,村主任白宣顾依靠村落家族文化得以"世袭",在村内极具威望。该村在推进落实村容村貌的改善工作中,需要拆除村民的旧有围墙,但常有村民索要较高赔偿等纠纷现象出现,一度阻碍工作的进行。驻村干部马斯韦在挨家挨户做群众工作的过程中,常常请村主任白宣顾陪同,并借助其家族权力进行情感引导,往往取得较好的解决效果,做到了"矛盾不出村"。

"烟修路,酒搭桥"也是驻村干部融入村民的一种方式。"烟修路,酒搭桥",即利用饭桌、烟、酒等交际手段建立或运用非正式关系,是访谈中釜鼎乡的驻村干部告诉我们的"捷径"。西畴拥有汉、壮、苗、彝、蒙古六个主体民族,酒文化源远流长,甚至有一个被叫作"冷淡酒"的习俗。当你到一个少数民族家中,哪怕是在早上,他们也会端出一杯酒来请你喝,这既是对你表现礼貌,也是看能否与你拉近距离的考验。在釜鼎乡,我们观察到基层干部常在酒桌上对村民进行政策教育或游说,并且效果非常好。此外,他还同我们说,虽然他不是西畴人,但在平时说话中,言必称"我们西畴""我们釜鼎",通过语言来建立地方认同。并且在他第一次来到村里做工作时,只因在吃饭时给村委会的每个成员敬了一杯酒,便奠定了往后在该村开展工作的情感基础,事实证明,该村的村干部、村民也都相当配合。在互请酒饭、平等交换香烟等过程中,驻村干部作为"援助者"的形象消退了,"朋友"的关系开始建立起来,这不仅是情感链接过程,更是村民对驻村干部身份认同的一次重要飞跃。

情感治理是社会治理的一种基本范式。与制度治理和技术治理不同,情感治理更偏向于社会柔性治理,通过满足社会成员的情感需要,引导其情感实践,进而激发社会运转的内生动力。[①] 驻村干部作

---

① 高旸:《"大社会"与"小家庭"——精准扶贫的情感治理经验探析》,《云南社会科学》2020年第2期。

为官方委派的"正式精英",在基层广泛缔结情感纽带,让干群关系更加紧密,从而在国家和群众之间搭建起情感沟通的桥梁,上述提到的跑村子、借助地方权威、烟酒文化、以语言建立认同等方式都是触发情感治理的有效途径。实际上,情感治理不仅是针对村民采取的治理手段,更是驻村干部自身体验政治成长、增强职业自信的一种途径。与周鑫宇对岢岚县村庄的观察类似,虽然国家对驻村干部有一套系统的考核机制,但他们自身却对职位晋升或荣誉奖励很少表现出精心的算计,"在村中有实事干,能感受到自己的贡献"是他们常有的表达。

实际上,本书特别强调的"身体在场"和"情感治理"并非泾渭分明,而是基层正式精英在治理过程中缺一不可、相辅相成的两种路径。

基层半正式精英

基层半正式精英的讨论空间常为"地方能人""村级精英"等概念遮蔽,本书将在行政村、自然村中虽无正式编制但由县级财政统一发放工资的精英称为"基层半正式精英"。既有研究讨论的"村级精英"更多指行政村的村两委主职干部,[①] 并不囊括自然村中的精英。在村民自治的制度框架下,诸如土地管理、社会救助等法律制度均将村级组织设定为政府行政事务的协助方。因此,在现代行政体系的运作逻辑中,除了无法享有正式行政结构中的组织身份,村干部需要定期参加乡镇党委政府的工作会议,甚至像具有正式编制的乡镇干部那样汇报工作、向政府官员请示、接受基层政府的考核。[②] 印子将这种现象称作"半正式行政的科层化",这样无处不在的科层管理方式进一步渗透至自然村一级,就笔者田野所见,在我们调研的自然村,无

[①] 李祖佩、梁琦:《资源形态、精英类型与农村基层治理现代化》,《南京农业大学学报(社会科学版)》2020 年第 2 期。

[②] 印子:《乡村基本治理单元及其治理能力建构》,《华南农业大学学报(社会科学版)》2018 年第 3 期。

一例外设有相对完整的组织架构：红白理事会、道德评议会、村民议事会、禁毒禁赌会，每个会设有主任1名，副主任2名，普通成员2名（村民议事会普通成员有7名），并且定期开会，任期有限，分工明确，互相监督。科层化的进一步渗透使自然村一级的干部也在国家政治体制中扮演着重要的政治角色。基于此，本书将自然村的村干部也纳入"基层半正式精英"的讨论范畴。

基层半正式精英的权威形塑

研究者张厚安研究发现村级领导人权威获取有两种类型：第一种是体制—自致型，主要通过提名或者任命的自上而下的体制安排，这种在不经过村民的认可下的权威获取方式往往大于个人威信；第二种是自致—体制型，主要来自依靠个人能力或者特殊影响力通过选举或者竞争产生的领导人并获得村民认可，这种方式下的权威获取说明个人能力或者影响力超过了体制赋予[①]。这一分类无疑具有一定理论洞见，实际情况也表明，基层半正式精英则更多是法理型与魅力型的结合体。

体制—自致型。木者村的村支书刘登荣至今担任村干部已有40年，其职位最开始是由乡镇政府直接任命，爷爷曾是村委会的文书，叔叔则是前任支书，在叔叔被调往乡里工作以后村中事务便逐渐转移到他手里，最开始他更多依靠自上而下的赋予型权威进行管理。但40年里，他亲力亲为带领村民炸石造地、改善生态、发展作物经济等，深受村民信赖，发展起独特的个人魅力。还有一种由上级直接任命的情况发生在共渡村，共渡村的前任村支书因不作为、心思完全不在村、办事效率低等原因被当地的镇政府和村委会强制撤职，转而"扶持"了另一位村内人。

自致—体制型。这类依靠个人魅力获取权威的方式在西畴农村较为多见，如岩头村的村支书李华明、龙口藤村的村支书王申川等，均因会拿主意、肯干实事、极具牺牲感和责任心等原因受村民推崇。以

---

① 张厚安：《中国农村村级治理——22个村的调查与比较》，华中师范大学出版社2000年版。

王申川为例,王申川是龙口藤村的一位村干部,在村中极具威望,将"村落当家人"这一角色诠释得淋漓尽致。王申川为化解村内纠纷,曾带头组建文艺队,为村民提供公共娱乐活动。在落实上级政策时,也始终为村民的利益考虑。例如开博乡今年因财政紧缺,鼓励群众每年每户交100元,自筹资金解决垃圾清运的问题。按此计算,龙口藤村有48户188人,一共要筹4800元上交乡政府,但是王申川觉得村里有许多外出务工的人,如果以户为单位进行募资的话不公平,所以她就提出以人口为单位,总数额不变的情况下,每人每年只需交26元,这一创新是王申川在村落治理中发挥能动性的体现,也得到了村民的一致认可。

还有一种权威不属于上述两种权威获取类型,具体而言,其权威的获取最开始跳脱于自致型权威,也并非完全意义上来源于赋予型权威。如釜鼎乡某村的村支书张深,一度被视作乡村混混,还被人戏称为"扫黑除恶的漏网之鱼"。起初他并不具备个人魅力,只因当地实在缺乏年轻人才,原村支书才"被迫"将其招揽进村委会。但鉴于该村的特殊情况,张深的存在反而起到更好的治理效果。此外,在发展该村的过程中,张深率先摸索产业发展,成为经济能人,在工作过程中逐渐获得了自致型权威,实现了从"混混"到"精英"的身份转变。

基层半正式精英的治村逻辑

基层半正式精英在村级场域的权力结构中居于承上启下的中介地位,在村内凝聚共识,推动集体行动,其权威关系到社会组织网络对动员内容的参与程度[①]。上文提到,西畴的基层半正式精英多为魅力型人物,在参与村庄主体建设的具体实践中极具奉献感和责任心,并能在特定的社会关系网络中建立威望,将个人理想很好地传递给村民,把国家目标内化为与村民利益密切相关的集体行动。"修路"是形塑"西畴精神"面貌的一项集体行动,是西畴特有的集体记忆,这些魅力型村干部在其中发挥着关键作用。通过对基层半正式精英的

---

① 蔡志强:《社会动员论》,江苏人民出版社2015年版,第25—29页。

访谈分析，笔者注意到修路过程中村级精英对于"如何动员村民集资"往往有不同的策略选择，而这往往涉及不同权威主体的治村逻辑。

岩头村的村干部李华明在第一次萌生修路的想法时，很快便遭到村民奚落，由"不信任"带来的不出钱、不出力、不团结险些将其扼杀在摇篮中。李华明当时采取的办法是自己一个人先行动起来，同时三番五次、挨家挨户地去做群众工作，并在修路过程中主动承担用膨胀剂炸石头等危险工作，受其感召，村民最终砸锅卖铁、卖牲畜、卖棺材等筹齐了资金，将村内的修路行动推动了下去，甚至在长达13年的修路行动中，无论生活境遇多么艰苦，集资在岩头村也再未成为问题。

对于村民来说，村干部的权威是人格化的、可感知的，经年累月地在集体行动中主动作为、承担风险、解决问题，也令这种权威更加可信。这是李华明得以成功动员的重要原因。

然而面临同样的问题，零榆村的村干部谢成芬和龙口藤村的村干部王申川却有不同的处理方式。谢成芬为确保筹集充足的修路资金，会将"不按时交钱则没收土地"写进"村规民约"并严格执行。甚至在日常的村落管理中，面临村民偷懒、不愿缴纳公共资金等问题，谢成芬会通过"罚钱"或者限制其后续享受福利等方式，增强村民在集体活动中的参与度。谢成芬的这一治理选择具有较强的法理性，也起到了一定的约束效果。

相较之下，王申川的治理方式则更具情理性，面对拒交修路集资款这一问题，她常常会选择"说理"的方式，了解背后的原因，若是在修路过程中侵占到谁家的土地，她往往会去积极协商，或者在日常公共事务中给予对方一定便利。王申川认为，如果不积极参与集体活动，为村庄建设出力，那么当你以后办红白喜事时，其他村民就只去吃饭而不会帮忙。这点在龙口藤村的"村规民约"中也有体现。

基层非正式精英

非正式精英虽无公权力但在基层具有相当影响力，其在国家建设中举足轻重。这些人不同于帝制时期地方乡绅贵族,代表着国家权威,而是同本地的群众紧密结合,常常作为致富带头人活跃在基层事务当中。在本次调研过程中,众多基层非正式精英有许多便是如此,如乌骨鸡养殖大户高兴龙、种植中草药的程敦儒、厚朴村村小组村支书李鹏瑞、返校创业青年大学生林悦娣等。他们常常作为经济能人被西畴县内的各级媒体所报道,被县、乡级政府表彰。这不禁促人思索,基层非正式精英缘何以经济能人为主?

作为经济能人的基层非正式精英

徐勇认为,"随着中国进入以经济建设为中心的时代,一些在农村经济发展中具有较强能力而卓有成就的能人迅速崛起,并在本社区的政治运作中居于支配地位形成能人型治理模式,由此产生出特殊的能人政治现象"。① 换言之,以经济建设为中心的年代,经济能人更有机会发展成为精英。暂且不论这种精英是正式还是非正式的。西畴县作为后发国家的后发地区,改革开放发展水平落后于全国,经济建设对于西畴县来说至关重要,因而因经济因素产生众多基层非正式精英是合理的。

以程敦儒为例,目前看来其无疑在经济上是成功的,作为云南白药集团的供货商,程敦儒所开办的西畴百汇药材林果种植有限公司和云南白药每年的订单价值都在一百万元左右。但是单单经济上的成功并不能使其在基层获得极高的影响力。为富不仁在儒家文化社会中是站不住脚的。程敦儒的社会影响力,一方面在于其为当地创造的经济增长,另一方面则在于其为当地村民创造的就业岗位,以一人之力带动群众发家致富。因而作为非正式精英的经济能人必然有着致富带头人的身份,像是开办豆腐厂雇用贫困户的林悦娣、传授乌骨鸡养殖技术的高兴龙等皆是这样的精英身份。

此外,西畴县由于地形崎岖,各个村寨常常分散于各个山坳之间,一个自然村的村小组之间常常距离分散,这就对各村小组的村小

---

① 徐勇:《权力重组:能人权威的崛起与转换——广东省万丰村先行一步的放权改革及启示》,《政治学研究》1999年第1期。

组长和村支书的领导力提出更高的要求，这一要求常常表现在对这些领导人的经济能力上。学者王露璐就曾认为苏南村庄领袖的权威是一种多重权威，建立在报偿性权威、法理型权威和魅力型权威的基础上。前者强调村庄领袖为村庄带来的福利性报酬，次者是指基于上级任命，后者则是领袖个人道德魅力。在领袖权威维持的过程中，领袖必须具有经济能人的身份特征。①

厚朴村村小组的村支书李鹏瑞就符合学者王露璐关于权威和权威维持的理论。李鹏瑞是一个在20世纪80年代就年收入过万，买得起家庭小汽车的"万元户"，但是他却放弃了做生意发财，自己贴钱当村官，两进厚朴村办事处担任村干部，每月领微薄薪水，带领村民炸石造地、种植烤烟，脱贫致富。"1996年，刚到厚朴村办事处、三光办事处工作时，我开着9万块钱买的吉普车，跟县长的同款，还有6万块钱存款。4年后，车开烂了，存款也用完了。"② 1997—1999年，李鹏瑞带领村民进行土地整治，共炸石造地2000多亩，坡改梯地1000多亩，再种上烤烟、亚麻等经济作物，带领村民发家致富，是为村庄带来的福利性报酬上的报偿型权威；他深受群众信任，在"5分钱"工程雏形期用自己的车运垃圾，又自己掏钱处理垃圾，具有领袖个人道德魅力下的魅力型权威；他作为村支书，是由村民选举产生的法理型权威。在李鹏瑞所承载的三种权威当中无一没有和经济因素不相关的。

当然，除去经济因素和连带的兼济天下的心怀，影响人们成为基层非正式精英的其他因素也是存在的。

成为基层非正式精英的其他原因

专业知识。如今我们身处知识社会，在这样的社会里离开知识任何组织都难以有效运转。③ 在前文的例子中，高兴龙、林悦娣等皆是

---

① 王露璐：《经济能人·政治权威·道德权威——以HH村为个案的苏南村庄领袖权威获得与延续之实证研究》，《道德与文明》2010年第2期。
② 云南网网站，https://society.yunnan.cn/system/2020/11/20/031132169.shtml，下载时间：2022年10月30日。
③ 王建华：《高等教育的应用性》，《教育研究》2013年第34期。

受过相关高等教育的基层精英。高兴龙所学的兽医和林悦娣所学的工商管理皆为两人的创业发展产生了直接作用。相似的，露新镇的赵虹灵作为返乡创业的大学生，其所学的平面设计专业对其开办民刺绣厂同样也有帮助。前文所述的程敦儒虽然由于政治因素未接受过高等教育，但是他也坦言，缺失高等教育的经历让他明白了知识的重要性，他自己也在不断学习新知识。这在我们对其访谈时，印象不可谓不深，一个72岁的老人对于汽车、智能手机使用的熟练程度让笔者惊叹不已。

上升途径紧缩。在一定的历史时期内，政治精英的标准并不一样，同样精英产生的方式也有所不同。如在20世纪50—70年代，全国上下都十分重视阶层来源，"根正苗红"成为政治精英产生的政治资本，而曾经"黑五类"被剥夺上升的权利，同时由于西畴"弱"县的过去，上升途径被无限制紧缩，本可以成为正式精英和半正式精英的地方精英不得已成为非正式精英。笔者在本次调研过程中深有感触，现在部分经济能人幼时未能上学，进而不能实现阶层上升，反而依托从长辈处获取的文化资源成为基层非正式精英，带领群众发展。

当然上升途径的紧缩是历史因素，如今，非正式精英可以通过村民选举、公务员考试成为基层的正式精英。但是笔者在对张虹灵、林悦娣这样的返乡创业的青年大学生访谈时，她们均表示，虽然自己的同学考上公务员的有很多，但是自己选择创业是因为自己喜欢并不是为了随大流，而且都可以创造价值。可见，在上升途径不断拓展的今天，或者说由非正式精英转化为正式精英的路径多样化的今天，个体服务社会的途径也在变多，作为非正式精英造福一方，作为正式精英治理一方都只是个人价值的一种实现方式。

非正式精英在西畴县常常表现为致富带头人，这既是长期以来以经济建设为中心的基本路线的具体表现，也是"达则兼济天下"的儒家文化的现代性表达。虽然非正式精英常常不被视为传统意义上的成功人士，既不是为官作宰，也不是西装革履的现代商务精英，但是对于这群深扎乡土的非正式精英来说，个体价值的实现是多样的，他们为乡村振兴所做的努力是值得肯定的。

"当家"的女人

2020年12月28日，习近平在中央农村工作会议上指出，"在脱贫攻坚目标任务已经完成的形势下，在新冠肺炎疫情加剧世界动荡变革的特殊时刻，巩固拓展脱贫攻坚成果，全面推进乡村振兴，加快农业农村现代化，是需要全党高度重视的一个关系大局的重大问题"。[1]而"人力资本理论之父"舒尔茨指出，人力资本是当今时代促进国民经济增长的主要原因[2]。这表明，在实施乡村振兴战略的过程中，人民群众应是这一任务的主要承担者。应当采取综合措施，调动广大人民群众的积极性、主动性和创造性。

改革开放以来，我国长期的城乡二元发展格局，致使城市对农村产生虹吸效应，大量的农村青壮年劳动力涌向城市，使农村逐步趋向空心化、老龄化甚至迈向消亡。且由于我国传统的"男主外，女主内"的性别分工观念以及城市对于外来务工人员的限制措施等因素，大部分的年轻女性不论是主动还是被动都被留在农村地区，成为农村人口的主力军。因而在当今的中国农村地区，女性或许有更多的机会在其中发挥自己的作用，摆脱传统社会对女性的规训，得以走出家门。在全面建成小康社会，推进乡村振兴的背景下，农村女性在其中可以，也应该发挥作用，因而探索农村女性在其中发挥作用的路径是有意义的。

在西畴县党委宣传部公布的2021年新时代"西畴精神"典型代表名单中，有28位是女性，其中有将近一半的人又来自乡村。西畴县的脱贫攻坚战的顺利进行生动诠释了"妇女能顶半边天"的深刻意涵以及农村女性在其中的伟大力量。

在"西畴精神"的凝练、践行和发扬过程中以及在西畴县的建

---

[1] 共产党员网网站，https://www.12371.cn/2022/03/31/ARTI1648714506421324.shtml，下载时间：2022年8月11日。

[2] 江涛：《舒尔茨人力资本理论的核心思想及其启示》，《扬州大学学报（人文社会科学版）》2008年第6期。

设过程中，西畴县的农村女性群体对此贡献颇多。她们通过多种途径，诸如参与村庄治理、经营集体经济、发展个体经济等在乡村发展中逐步由"屋内人"向"屋外人"转变，成为"当家"的女人，逐步打破男性所构建起的话语体系。在这一过程中，女性从家庭走向社会，其面临的是截然不同的环境，而环境的变化则会引起女性对自认角色认知的改变，这一改变的成功与否对于能否发挥巾帼力量具有重要影响，因而研究女性参与乡村振兴的路径和方法以及伴生的女性角色转变对于助力乡村振兴具有一定意义。

女性参与乡村振兴的路径研究

2018年2月，全国妇联发布了《关于开展"乡村振兴巾帼行动"的实施意见》（以下简称《意见》），《意见》指出"妇女是推动农业农村现代化的重要力量，是乡村振兴的享有者、受益者，更是推动者、建设者"。[1] 关于女性参与乡村振兴路径的研究颇多，主要集中在以下四个方面。

首先，是在教育事业上下功夫。通过引导妇女参与体育活动开展相应的职业教育等多种教育形式，[2] 提升其受教育程度，[3] 以此来增强女性参与乡村振兴的能力。

其次，是在特色产业上谋出路。苏醒等通过对云南大理州云龙县某村落旅游社区的个案考察研究，指出通过参与和开展旅游产业，农村女性的主体性在不断增强，并因此成为社区精英；[4] 魏丽娜等则认为代表人类经济形态最新方向的数字产业、文化产业能够赋能女性，使女性在文化传承和利用中能够促进自身主体性的崛起。[5]

---

[1] 中国妇女网网站，http://www.cnwomen.com.cn/2019/09/02/99171013.html，下载时间：2022年6月24日。

[2] 高继科、杨英杰、赵富学、洛让加措、才让卓玛：《乡村振兴战略下安多藏区农牧区藏族女性体育发展路径构建》，《南京体育学院学报》2020年第9期。

[3] 张永丽、李青原、郭世慧：《贫困地区农村教育收益率的性别差异——基于PSM模型的计量分析》，《中国农村经济》2018年第9期。

[4] 苏醒、田仁波：《乡村振兴战略背景下女性社区精英的角色实践——基于云南大理州云龙县N村旅游社区的个案考察》，《云南社会科学》2019年第1期。

[5] 魏丽娜、傅守祥：《乡村振兴的文化产业与特色发展》，《当代贵州》2021年第49期。

再次，是在乡村治理上找方法。女性既然是农村人口的主力军，也就不能将女性从乡村治理中剥离出去。学者李敏等探索了乡村振兴战略下农村妇女政治参与的引导路径，提出了几点建议：强化女性政治参与意识；发展特色产业，为女性参与政治生活提供物质保障；引导舆论宣传，积极鼓励妇女参与政治生活；完善平台建设，减少制度障碍。① 陈国申等则从女大学生"村官"、村书记等个案的经验中出发，分析了女性掌握权力的路径。②

最后，是在制度环境上破阻力。陈怀宇等对日本培育女性职业农民的政策进行分析，从中找寻了可以指导中国实际情况的经验相关政策的研究；③ 黄快生则从我国现有的制度环境入手，指出诸如，"男强女弱"的思想观念阻力、乡村振兴战略具体开展的脱离实际的阻力、自然环境恶劣、治安环境失序、基础设施环境落后、乡风环境保守等环境阻力以及相关的政策阻力，提出要建设其更加公平合理的制度环境，④ 也有单从人才生态环境入手探索何以建设更平等的培育和提拔女性人才的人才生态环境。⑤

女性参与乡村振兴的角色转变

乡村女性在参与乡村振兴的过程中必然会连带着相应的角色转变，角色冲突、混乱、错位的风险都是存在的。目前关于这一点的相关研究偏少，周素分析了某村妇女参与到旅游活动后面临的三重角色：生产角色、家庭角色和社区工作角色，分别分析女性在扮演这三种角色时的困境，并分析了困境产生的原因和应对

---

① 李敏、刘淑兰：《乡村振兴战略下农村妇女政治参与及引导路径》，《福建农林大学学报（哲学社会科学版）》2019年第4期。
② 陈国申、陈文倩：《乡村振兴背景下女性地位的成长与跃升——基于山东三个村庄的个案调查》，《江苏海洋大学学报（人文社会科学版）》2020年第4期。
③ 陈怀宇、张子源：《乡村振兴"她力量"：基于日本女性职业农民培育政策的批判性借鉴》，《中国职业技术教育》2021年第9期。
④ 黄快生：《妇女参与乡村振兴：制度困境与政策选择》，《社会科学家》2021年第4期。
⑤ 税国洪、刘银：《乡村振兴女性人才生态环境理性审视》，《重庆社会科学》2020年第8期。

方法。① 边丽瑾同样也是以农村旅游业中的女性为例，分析了其在生产、家庭、社区三个领域的角色转变、困境和应对方法。女性角色地位的转变表现在其对于本土文化知识的理解、掌握和运用上。② 在女性由内向外用力时，其必然会面临之前长期存在的由男性主导的地方性知识。在这种地方性知识的创造和传承的过程中，女性也是参与其中的，但是在实际的运用中或者说运用地方性知识来获取最大化的社会效益则常常被男性占据。女性角色转变实际上是对本土文化利用权力的一种争夺，实现的是地方文化无意识的传承者向策略性的使用者转型。③

但是，乡村女性角色的转变不仅仅是因为其参与到特色产业的发展中，因而关于女性角色转变的研究范围应进一步向外拓展，从女性角色转变的上述四种路径中逐一入手进行思考和探索。

本书将根据笔者在西畴县的调研经历，总结西畴女性在乡村发展中的路径，分析其在西畴发展中的角色转变。

西畴女性参与乡村发展的路径

在此次调研中，笔者对多位乡村女性代表进行了访谈，涉及的领域包括个体经济、乡村治理、非遗传承、职业女性等。通过对她们个人生命历程的访谈，笔者总结出其参与乡村发展的路径，包括：发展本土特色产业、参与村庄治理和借助"西畴精神"这一独特政治、文化资源。

发展特色本土产业。西畴县民族文化资源丰富，民族服饰繁多，部分乡村女性以此为契机开办工厂或手工作坊作为致富手段，既为当地发展提供了工作岗位也批判性地继承了少数民族文化。在西畴利用民族服饰发展个体经济有两种模式，一种是坚持手工刺绣，在保留民族特色的同时于样式和装饰上寻求创新；一种是引入机绣，将刺绣生

---

① 周素：《妇女参与乡村振兴后性别角色转变困境及对策研究》，《农村经济与科技》2022 年第 1 期。
② 边丽瑾：《农村妇女性别角色转变研究》，硕士学位论文，西北农林科技大学，2020 年。
③ 苏醒、田仁波：《乡村振兴战略背景下女性社区精英的角色实践——基于云南大理州云龙县 N 村旅游社区的个案考察》，《云南社会科学》2019 年第 1 期。

产标准化。女性深度参与其中在样式创新、产品制作中逐步形成传承民族文化的自觉。在访谈西畴省级壮族鸟衣制作传承人时，其坦言"本来以前我可以做学校的，叫我去做这个校服，办一个厂请工人，做得很大，但是我想如果说去做了那个的话，我们西畴的这个壮族鸟衣就没人来做，来传承下去嘛，所以说就没去做校服"，并且觉得，"如果我去做别的话，虽然钱会赚得多，但是没有这个意义和价值嘛，我做这个真的觉得很多人到我这里买衣服都想着欣赏我"。可以看到在这一过程中，女性是受到认同和尊重的，女性在其中也在逐渐觉醒，愿意主动参与到民族文化的传承中，以文化助力发展。

参与村庄治理。部分女性则是通过村民选举的形式掌握村庄话语权打破原本由男性主导的村庄政治，对于村内事务开始发表自己的看法。在访谈中笔者了解到这些女性因其性格、个人能力、客观环境等多方面的因素被村民选举为村小组长、村委书记等，不过由于思想观念等各方面的原因，在当选之初，其饱受非议出现了诸如"女人当家，饿死全家""你们××村是没男人了吗？"的言论，还有人说，"女人声音小比不上其他村寨的男人声音脆"。但是这些女性在担任"村官"之后，有的冲在最前带领村民炸石修路，有的则为村子修建小水窖之类的基础设施，有的则为邻里矛盾的调解贡献智慧，成立村艺术团为村民协商搭建非正式的平台，通过一系列的实实在在的提升村民幸福感的实事，那些曾经反对过女人当家的人也逐步接受，这些当家的女人也被认可为村庄精英，成功实现个体发展者向村庄发展领导者的转变。

借助"西畴精神"这一独特的政治、文化资源。"西畴精神"是西畴县特殊的政治、文化资源，一方面为"西畴精神"的代表人物提供了政治优势也为西畴县博得了政治关注，另一方面作为精神文化资源也鼓舞了西畴人奋力争先。在西畴女性参与乡村发展的过程中，部分女性代表认识到了这一资源，也借这一资源为自己发挥力量寻求助力。西畴县的虹灵刺绣厂、嫩妖妖豆制品有限公司、贵相维草莓种植专业合作社等借助"西畴精神"进行宣传，从创始人、产品等多个维度和"西畴精神"进行绑定，主动利用这一资源为自身发展寻求突破，此外"西畴精神"也为部分西畴女性提供了更高的发展平台，可以让她们在更广阔的世界发出女性的声音展示女性形象，例如被选为党的二十大代表的谢成芬，她们将更有底气地去传递女性诉求。这使她们由"西畴精神"的无意识传承者向策略性使用者转变。

在上述三种路径中，西畴女性角色的转变是复杂的，总的来说是由"独善其身"向"兼济天下"转变。而由此引发的角色冲突在此次访谈对象的讲述中都没有发现，但是她们都有一个特征，即部分或全部丧失家庭角色，她们要么没有孩子，要么孩子已经独立在外务工，要么孩子交由丈夫照料。她们的这种家庭角色的丧失或许为其自觉注入了可能性。此外，从西畴女性参与乡村发展的历程中我们可以看到，"西畴精神"这一独特的资源为其发展提供了一条特殊的路径，这使西畴女性有更多机会参与到乡村振兴的过程中，因而也更有机会实现一种"女性觉醒"。

（执笔人：李会泽、李文哲、陈婧璇）

访 谈 录

1990年西畴县木者村的一声爆响，作为"西畴精神"的开端至今仍回响在西畴各村寨的上空，被人们以各种方式铭刻在心，代代相承、赓续不绝，并传响于西畴之外。在西畴县木者村至今仍然保留着当年炸石造地第一炮的旧址，以实物的方式记录着西畴人民追求美好生活的决心。

然精神的传承同样离不开有血有肉的人，西畴县老县长郑清宽、木者村村委书记刘登荣、岩头村村小组长李华明等作为炸石造地的典型人物为"西畴精神"的诞生贡献了力量；致富带头人程敦儒、刘超仁、张贵相、高兴龙心怀大我，利用西畴天然地理优势开辟农业发展新格局，带领西畴人民共奔富裕路，将"西畴精神"践行到生活的方方面面；"西畴精神"展览馆管理员谢成芬作为"西畴精神"的传播者，面向参观者讲述"西畴精神"怎样从无到有、西畴人民怎样从贫穷到小康的史诗历程，并走向北京、上海、四川将"西畴精神"送到了全国各地。本章内容便是通过对这些人物的访谈，以第一人称的形式展现其生命历程。

当然他们只是"西畴精神"丰富内涵的一个缩影，在西畴县脱贫攻坚的斗争中涌现的人才是多样的，他们的故事同样正在以多种方式被西畴人民所铭记，他们也正走出大山，走向千千万万个社会主义建设者。

郑清宽："西畴精神"是这样产生的[①]

我就是西畴柏林乡的，我是真正的农民，从大山里边通过考学走出来的。1973年我从文山师范学校（现文山学院）毕业以后就回柏林教书，教到1982年。1983年机构改革之后，我就被调到行政岗位来，一路任职过区长、县政府办公室主任、县教育局局长、县委副书记，直到1990年我在西畴县任职代县长。

在我任职代县长的第二个月，西畴县的十多户人家，因为当地严重的石漠化，难以生存下去，又听说另一地有发展机会，就把猪和牛都卖了，揣着钱搬出去了。但当时1989年的中央1号文件中明确规定严禁毁林开荒，农民只能实行定居固耕。搬出去后这10多户人家没有承包地，不能开荒，因此又回来了。回来之后，无粮以果腹，无牛以耕田，只剩下空空的房子，打工无门，搬家无路。

出走无路

这10多户人家回到西畴县后找到了我，希望得到政府的帮助和支持。我接待了他们，在做了一番"跑出去就是做错了"的批评教育后，用民政款拨给农民进行补助，先让他们把家安顿下来。

除此之外，考虑到不准毁林开荒的政策和人均耕地面积少的实际情况，我还想为百姓之后的生活谋一条路子。我觉得人要富起来，总得有田地种，有田地种才能解决人的生存问题，人才能吃得饱肚子。父亲也从小教导我，要解决百姓需求的问题，关键是要解决土地问题。但在石漠化严重的西畴县，要想解决土地问题，只有把土地炸开，力求将其变为保土、保水、保肥的"三保地"。这样百姓能吃饱饭，就不会"跑"到外面去。

[①] 本文访谈资料来自2021年7月调研组于昆明对郑清宽的访谈。
郑清宽，汉族，"西畴精神"宣讲团成员、"西畴精神"开创者、西畴县委原书记。

炸石造路

我把这个想法在政府的常务会上提出供大家讨论，大家都很赞同这个意见，一致决定，先进行试点，试点成功，再进行推广。我向县委书记汇报，得到了县委书记的肯定。我先定下了两个试点区域，再想办法申请炸药的指标，拿到买炸药的钱。炸药由我亲自批，买炸药的钱由我向省里亲自"要"。我一共申请试点300亩地的指标，从省里要来45000元钱买炸药。

要钱也是一项"本事"。当时省里面刚刚开始提"高温产农田水利建设"，我通过在省会的同学听到这个信息，就赶忙跑来省里。我一开始尝试向财政厅和农业厅要钱，但是都失败了。最后找到农建办的一个主任，和他一再保证，我这个试点都定了，群众已经发动起来了，我拿去这一点钱一定把事情干好。最后，农建办的主任提了300亩指标答应了。在得到了农建办主任的支持以后，我立即把文件签字的手续办好，回去赶快让管炸药的物资部门进炸药。

试点怎么选呢？其一，得找一个确实很穷的地方。因为在这种地方搞了以后，影响力才大。那么穷的地方都可以搞得起来，别的地方不搞说不过去。其二，得找一个相对不是那么封闭、有点连片的地方，连片的一片搞出来了，可以给周边的地方提供一个学习的榜样，照着做。我们就选了木者村的摸石谷。

到1990年12月，全村300多名群众在乡村党员干部的带领下，用最原始的工具，经过105天苦战，在石旮旯儿里造出了360亩保水、保土、保肥的"三保"台地，秋收时苞谷增产四倍，烤烟亩产纯收入超千元，从"借粮村"一变而成了"卖粮村"。百姓的出路有了，我报农建办主任的指标也完成了，还超出了60亩地。之后，村里连续几年炸石造地、修水池和改造茅房，生活条件一天比一天好，这时，原来想搬家的人不搬了，一些已经搬出去的人家又搬回来，示范效果特别好。

精神提振

我们政府希望趁热打铁，全面推开。1991年11月份我就召开前线的农田水利建设县、乡、村三级干部会议，一直开到春分。在这个会议上，首先总结了试点的经验。因为如果要推广，就得先总结经验与存在的问题。尤其是我们发现其中有些群众思想工作做不到家，有些群众说不动，有些群众外出了，这样的地方怎么办？党员干部要带头，要来帮助他，来说动他，要动员他的亲戚朋友。就在这次会议上，我们把"西畴精神"的"搬家不如搬石头，苦熬不如苦干；等不是办法，干才有希望"四句口号提了出来。

这四句话如何理解呢？在西畴县，你既靠不上，等也不行，搬家没有地方搬出，所以就提出"搬家不如搬石头"。搬开石头造地，"苦熬不如苦干"，要把大家的精神面貌树起来。如果是选择苦熬，大家得熬到什么时候？开头这两句话是在搞试点的时候，我就想去就跟他们说。我说"搬家不如搬石头"，你把这个地造出来以后，不仅是你们这一代受益，子子孙孙都受益。我看你们把地造好了，粮食丰收了，家庭生活好了，讨媳妇都会好的。

后面两句话，是最后在这次总结会上想提出来的。因为在试点成功了以后，群众当中和干部当中有两种想法：大多数人的想法是既然我们这个路子对了，这个试点也成功了，不管遇到什么困难都坚信要干，主动要干；但也有些乡镇领导认为现在县里既没有钱，指标也不够，如果这样干，困难太大了，等一下再干。困难太大了，其一是因为他们觉得要做群众的工作，要发动群众很困难，因为哪里工作做不到家都不行；其二是怕如果真的大家都干起来了，又没有钱了怎么办。因此有些乡镇领导认为还是跟着等一下，而不是主动要求要干了。所以我就想了一下，这些"等"的思想观念发作了以后，我们县的发展要等到什么时候，我就提出了"等不是办法，干才有希望"。这句话就纠正那些干部和那些群众"再等等看"的这个"等等"的思想观念，要把他们这个思想观念给转变过来。有了这个口号，才能形成一个大的气候。

实际一些理论性的东西我们在党校也学习，在工作期间也学习。但实际地说，一个领导干部在一个地方能不能开创一个局面，就看你能不能把"大道理"，例如马克思主义、毛泽东思想，跟本地的情况相结合，就是把党的路线方针政策跟西畴这个地方的具体实际结合起来。党的政策是好的，但我们最终的目标是需要人民吃饱肚子、人民富裕起来，具体落实上只有采取炸石头造地来解决群众的这个生存问题。所以我觉得要我们炸石造地的成果需要上升到理论上，来体现中央的方针政策与西畴县这个石漠化地区在实际结合。

（执笔人：梁兆哲、陈婧璇）

刘登荣：点燃"西畴精神"的星星之火[①]

我是 1982 年 7 月 1 日进的村委会，之前做过 6 年的兽医，家人劝我改行，本身做兽医的就需要和邻里之间打交道，所以基本上家家户户都认识我，群众基础加上政府的信任，1989 年 3 月 1 日我就当上了村支书，到现在 34 年了，进村委会也已经整整 40 年了。

一枝独秀

西畴"炸石造地"的第一炮就是在我们木者村的摸石谷打响的，"西畴精神"的起源也是在我们木者。20 世纪 90 年代的时候，西畴刚从前线缓过一口气，有精力来发展自身了。当时县委政府鼓励在农村搞"三保台地"的试点，其他村也没有整起来，我们没有什么经验可以借鉴。以前木者村确实是特别穷，山大石头多，人多耕地少，平均每人才 0.8 亩左右，饭也很难吃饱，很多家吃饭都是拿芭蕉叶拌着吃，只能经常扛着口袋到处去借粮，借 1 斤大米要还人家 2 斤玉米，因此周边都把我们叫作"口袋队"。因为穷得响当当，小姑娘十二三岁就嫁出去，小伙子三四十岁还找不到媳妇。另一方面，我们路不通、电不通、还缺水，不要说生活，生存都很困难。

刚好那时国家有号召，说搞"三保台地"每亩补助 30 元的炸药钱，我就说带头一起搞。为什么会有这种想法呢？当时我爷爷是

[①] 本文的访谈资料来自 2021 年 7 月、2022 年 7 月调研组于西畴对刘登荣的访谈。刘登荣，汉族，西畴县木者村党总支书记、主任。

村委会的文书，我叔是之前的支书，也一直没有把群众带得富起来，加上政府比较相信我，党委政府来做了五六次思想工作，让我一定要补上支书的空缺位，我就想如果当的话就一定要把它当好。其实当时也是没得办法啊，我作为一个支书，老百姓没饭吃总会来找我要回销粮。上街时百姓们就逮着我的"小尾巴"，说，"我没有吃的了，你怎么样也要给我点回销粮"，说完还很害羞。所以有时候当村干部都不能去赶街，一去群众就跟在后面要粮食。这就当玩笑话来听了，我们木者当时就是这样的，每一年回销粮要10万多斤才勉强够过日子。所以县委政府来说搞试点的时候，我就非常支持。

摸石谷以前全是石旮旯，基本没有收成。1990年12月3日，我们发动群众炸石造地，105天后，我们就造好了660亩台地。你们听着很简单，三言两语就可以说完当年的情景，其实当时遇到了非常多的阻力。

首先是群众不支持。起初大家也不想干，群众发动不起来，当时老百姓什么都不懂，完全不接受，直接说整不成，觉得祖祖辈辈都没见整台地的，都是你一个年轻人来喊我们整，这怎么可能呢？加上在最初的时候，才个把星期就差点儿把火整熄掉，说到底就是因为没有经验，要怎么整"三保台地"也不知道怎么整，确实比较打击信心。后来没办法了，我们党员就联合在一起成立了一个党支部小组，就说党员先带头做起来，慢慢让老百姓看到是怎么做的。当时带头的一个党员想到小时候到山上砍柴看到的地埂，说"三保台地"会不会就是这样弄的？有了思路以后我们就开始实施，当时村里有个叫王廷位的，是蚌谷乡的副乡长，我们就说把炸出来的石头用绳子规范垒成地埂，先在王廷位家里炸出来两台台地。真的成功炸出来之后，百姓们来参观，纷纷觉得可行。让老百姓们看到希望了，这时群众才真正被调动起来。积极性调动起来后，整个寨子100多户人家，全部都来整台地，大大小小、男男女女都在地上，整天都是200—300人，最多的时候是五六百人，都把亲戚喊来帮忙。到后期到了栽种的时节，百姓看着喜欢我们也喜欢，所以说只要你做出样子给百姓看，百姓就会按照示范的样子去做，积极性也就高了。当然除了示范作用之外，一家一家去做思想工作也很重要。做农村工作真的要有耐心，相当辛苦。有时开群众会议，一开就有百姓在吵，一吵大家就会一哄而散，你只能一家家地跑，一家一家地说，说服之后群众同意才能持续下去。

其次是资金的问题。当初国家也没有多少钱投资，发动试点之后每亩补助30元的炸药钱，但当时造好1亩台地差不多需要160元，我们就开始集资，按每户土地的面积多少来集，最后台地造成之后分地也是按照规定的1亩8分地来分，这样比较公平，大家也信服。但有些人家实在拿不出钱来怎么办呢？有的卖牲口、卖棺材木，还有的就另辟蹊径。这事儿得说到当时村里的一位老人，叫董继章，因为他家小孩还小，劳动力有些弱，要钱没钱，要劳动力也没劳动力，他就想办法，去拿些渣渣来放在石头上烧，烧烫之后拿冷水来泼上去就可以使石头自然炸裂，就可以拿去弄"三保台地"了，这是一种"土方法"，也是有经验智慧在的。所以我们感叹啊："老人还是有经验，没有钱，就想没有钱的办法。"

还有就是技术的问题。当时没有技术人员的支持，都是摸着石头过河。前期的改造工作主要是以人工为主，记得一直到晚上12点大家都还在捡石头，用月光照着，然后回去歇一会，早上五六点又来，基本每天就是三四个钟头的休息时间。到了后期就是人工配合着机器来做，县上在四川帮我们找到了三台机器，机器收费是2元每米，钻杆1米，四川人就直接打1米。这也是我们集资的一部分，为了帮助大家节约点钱，我就用油漆来在石头上标注，打30分米就可以炸开的石头就标注30分米。另一方面，因为那些炸药小组的成员不知道炸药用量，所以我们得在石头上标注，不然炸药多了炸出来的石头太碎，不容易捡，还浪费炸药。当时为了安全还买了一个小哨子、小旗子，一点炸药就挥舞小旗子，吹响哨子，人们就开始跑。所以"三保台地"整治结束后没有人残疾，仅是受点小伤。另外因为炸出来的石头较多，石头炸出来之后土不够用，老百姓们就去山上挖土来将石头脚盖住，原有的土加上山上挖来的土，只要将石头脚盖到30分米就可以栽种玉米了。

台地真正搞出来以后，当时县里农业科学局的下来，说他们引进了新品种八甘，问我有没有买过，我说我们实在没钱，钱都集资整"三保台地"了。政府当时就送了杂交玉米苗和盖的白膜，我们就开始种玉米。"三保台地"说白了就是保土、保水、保肥，埂子垒起来后，水土不流失，土地也变肥沃了。当年的收成就是每亩400多公斤，粮食真的越来越好了，多到把我们的楼杆都压断，断了三四家的，反正就是也吃不完。大家就商量着拿到集市上卖，其他村知道后就特别震惊，也不叫我们"口袋队"，改喊"卖粮队"了，从此名声就翻转过来。大家都说看来整台地确实行，周边的村都过来学习，慢慢地全县也开始普及我们木者的经验，动员大家自发解决温饱问题，起因就是在这里。

我们穷的时候，一些村民吵着要搬家。当时一位老人，叫王廷章，有4个儿子，大儿子搬出去又被人撵了回来。"三保台地"改造好后，王廷章就对他大儿子说："是不是，搬什么家，搬家不如搬石头。现在我们的粮食还不是吃不完了，生活好起来了。"所以"西畴精神"的前两句"搬家不如搬石头"是78岁的王廷章老人提出的，而"苦熬不如苦干"是老百姓们喊出来的，后两句"等不是办法，干才有希望"是当时的县长郑清宽总结的。

花开遍地

1992年的时候，县委政府根据我们"炸石造地"的经验出台"六四二一"补助政策，即修建每亩台地补助60元，"坡地"改"台地"每亩补助40元，中低产地改造每亩补助20元，"地"改"田"每亩补助10元，才掀起西畴以"炸石造地"为主的基本农田建设高潮。直到1995年，说全省的扶贫工作会议在文山州召开，其实实际的开会地点就在我们这里，当天人特别多，包括原来的书记高原、省长何志强都来了，从那天起就在全省铺开搞台地和公路。

我们挖路也是比较早。当时玉米产量够了，拿出去卖的时候路不好走，有时候需求量比较大，我们就要用牛车去拉，所以就开始挖牛车路。但当时我们还住着危房，如果要翻修房子，就要多赚点钱，玉米够产了就开始试着种烤烟、种核桃，所以只有有路人家才好买我们的东西。挖路也是国家补贴加上我们自己集资集劳。当时政府规定每

1公里补助1000元，剩下的我就按照每户人口多少来筹钱，平均每个人1200元左右吧。修路是很漫长的工程，我们基本是跟着国家的脚步走。2000年要把之前的沙路硬化，政府给我们1公里补助5万元，我们还是按照人口多少来集资，这个要的钱就比较多了，基本23万才够硬化1公里，到了2012年我们才将54公里的路全部硬化完。

说是种核桃赚钱，其实也没有那么简单。最初我们嫁接的核桃质量不太好，有些户成功种植，更多是失败的。之后村委会与百姓商量，引进老板重新嫁接，他们负责技术和肥料，我们负责出力和出地，利润就按比例各自分成。第一年嫁接成活率还是有点低，但终于达到了50%以上，我们也有了信心。前10年我们的收入拿到总利润的40%，等到10年以后，老百姓就占48%。但我们老百姓什么都不用管，包括打核桃、称核桃都是由老板来做，老百姓在核桃树脚还能种植其他经济作物，经过几年的努力，我们2016年就脱贫了，村民全住上了安全稳固的房子。

所以木者未来还是要依靠产业，种植业方面就是核桃、烤烟、甘蔗，我们有一千亩榨糖甘蔗，460元一吨。养殖业方面就是养牛，我们现在有个合作社，有七八十头牛。其次我们正在水头村小组试点做蔬菜园，计划成立合作社，卖水、卖菜，这个做成之后，人均纯收入每年是可以达到2.3万的。还有就是组织年轻劳动力外出务工，没办法，只能出去发展，有了钱和资本再回来。

到今年我其实不想再继续当了，应该把接力棒都交给年轻人，他们才是未来的希望，祖国的栋梁，现在我们村委会有两个大学生，一个是副支书，一个是文书，政府的意思是让我再干完这一届，慢慢把大学生带起来，我也觉得可以。

（执笔人：李会泽）

谢成芬：坚毅卓绝的女当家[1]

> 自己的家乡病了，我们不去治理，你还等靠谁呢？——谢成芬

"你想了解什么呢？"走进"西畴精神"展览馆，展览馆管理员谢成芬用她文山特色的普通话热情亲切地问我。

1971年，我出生在董马乡的一个小山村里，村里条件很差，家里条件也不好。我是家里的第二个女孩子，上面有一个姐姐，后来我又有了两个弟弟，一个妹妹。为了这个家我牺牲了很多，1987年，我的弟弟、妹妹们到了上学识字的年龄，那年我在高中待了一个月便辍学了，这让父母的担子轻了不少。没两年，我便结了婚，19岁嫁到了蚌谷乡海子坝村，这里和之前的小山村一样穷。

这个村子里，女人地位很低，客人来了，做饭的女人连上桌吃饭的资格都没有，我没有惯着这群男人，不让我上桌吃饭，那咱就谁也别吃，我不做了。这事儿传出去之后，村里人都说我很厉害。我确实很厉害，我不仅厉害，我还有方法，嫁来这几年，我在家里养鸡、养牛，很快就盖起了新房子，不过这挣来的家产很快就被我"败"光了，等下给你细讲。村里面的人看我赚钱养家的能力不错，把我推举为了村小组长，那一年是1996年。就这样我从一个普普通通的农村妇女成为一名村干部，之后我又成了"西畴精神"宣讲团的一员，成了"西畴精神"展览馆的管理员，2022年我还要去北京作为党的二十大代表在人民大会堂讲解"西畴精神"。当然，这都是以后的事情，那时的我还不知道今后怎样。那时摆在我面前的是作为村小组长的责任。

临危受命

海子坝村缺水、缺电、缺地，尤其缺种烤烟地。

---

[1] 本文访谈资料来自2021年7月、2022年7月调研组于西畴对谢成芬的访谈。
谢成芬，女，汉族，"西畴精神"展览馆管理员、中国共产党第二十次全国代表大会代表。

整个西畴都缺水，喀斯特地貌是留不住一点水的，作为村小组长，我仿照其他村寨的做法，让村民在村子里建起了小水窖，也算做村小组长以来为村子做的一点事情。现在好了都通了自来水，小水窖也算是历史遗存了。

不过，用电的问题我就没办法解决了，总不能自己造出电来。那时村里的输电线路全用木头做电杆，每到雨季，肆虐的狂风要么刮倒电杆，要么吹断电线；而且给村子供电的变压器距我们村子较远，电运到我们村损耗高，电压也不稳，电价还高。对此，村民犯愁，我也犯难。不过事情很快有了转机。我记得是1998年，那一年，国家决定大规模开展农村电网建设与改造，并提出"两改一同价"①的目标。在得知这一政策之后，我多次跑到村委会和乡政府了解政策、争取指标。不过很可惜，海子坝村太偏僻了，居住的户数又少，西畴县前期实施的农网改造计划并没有将海子坝村列入其中。不过我没有放弃，2004年，我在村里号召大家筹钱建电网，一共筹集了3400元，带上这些钱和村民联名写的申请书，找到县电力公司请求实施电网改造。一次不行，我就跑两次，最后在不知道跑了多少次之后，县电力公司或许是被我的毅力打动了，公司领导终于答应要满足村民们的愿望，最后，我们村迎来了电网改造。在消息确定的那天，我喜不自胜，连喝了5大杯白酒，真爽快。

用地也很困难，我们村每人连1亩的耕地都没有分到，且分到的耕地大都是石旮旯陡坡地，种粮食长都不一定长得出来。村民常常吃不饱饭，哪里还谈得上乡村振兴，建设美丽乡村。我们村所在的行政村主任箐村有人靠种烤烟发了家，我也想在村里试试烤烟，不过现实却给了我当头一棒，你猜怎么着？

村里最适宜种植烤烟的一片约40亩的土地竟是水淹洼塘。种地吃不饱，烤烟又种不了，那时的生活太苦了，也不知道自己是怎样熬过来的，不过绝处逢生。

开拓新局

不知道你知不知道？2007年的时候，省上、州上，还有我们县

---

① 改革农电管理体制，改造农村电网，实现城乡用电同网同价。

提出要大力发展核桃产业。那年5月份，我和州内一帮人响应号召去大理州的一个县参观学习，看看他们怎么种核桃。看到他们种核桃赚了钱，我很眼红。回来之后，我就向乡亲们说了我参观学习的感受，一听可以赚钱，大家和我一样很激动，赞成种核桃。那年秋天，考察完村里的条件之后，我带领村民和其他邻近的几个寨子一共种下了1100亩8300多株核桃苗。烤烟种植不成，种核桃也不错。不过，要想富，先修路，种核桃那会儿，村子里都是土路。

这路怎么跟你形容呢？哦，用我们的俗语讲，叫"晴天一身土，雨天一身泥"，太脏了，出行也不方便，等核桃成熟之后运输也是问题。修路对于我们村来说就迫在眉睫。

2008年，我去乡上开会的时候得知我们县制定了修建1公里塘石路补助3.5万元，自建1公里水泥路补助110吨水泥的政策。这不是刚想瞌睡就有人送上枕头嘛。

说起开会，还有一件事等下也可以和你讲讲。

从乡上回来之后，我像当时商量种核桃一样把政策讲给了乡亲们，不过就是没有像种核桃那样顺利就是了。有的村民说，"政府就补助那么一点，其他的得农民自己出，我们有这个能力吗？"不过，我是想修路的，不修的话之前种核桃的功夫全都要打水漂了，就说了一些鼓舞人心的话，"不管有多大困难，我们也要修路，而且要修成水泥路，为以后的发展打好基础"。好在我还是有一点群众基础的，终于，2008年10月，我们村炸石修路第一炮打响了。从那天开始，村子里全员行动，物资、资金、工具、人员没有一刻停下来。那时的我很瘦，点炸药的样子应该很让人心酸吧，当然现在也不胖。

修路的钱确实是个问题，政府的那点补助无异于杯水车薪。为了解决这个问题，我带头并发动群众一起凑钱，前后拢共凑了5.4万元。不过，这笔钱在修路的各项工序所需要的费用面前无异于小巫见大巫。那段时间，我几乎是逢人就借钱，最后在亲戚和各级政府的帮助下，争取到了3.7万元修路款。就这样一边筹钱，一边修路，2010年4月，全长8公里的村主干路全线贯通。整条路修下来集资28万元，投工投劳3200多个，历时两年多，很艰苦，但也很欣慰。

病魔缠身

主干路修好之后，不对，刚刚说要讲开会的事情。

我现在看起来很健康吧？谁能想到14年前我是一个胃癌患者？2008年，修路热火朝天般干起来的时候，我被检测出了胃癌，中期。结果出来之后，我不敢和家里人说，尤其是我那90多岁的爷爷，每次去医院化疗，我就告诉家里人我去乡上开会。一次两次还可以，但是很快我爷爷就起了疑心，问我，"你这官当得是有多大，怎么天天去乡上开会？"瞒不住了，唉。爷爷借邻居之口还是知道了我患了癌症，对我是又生气又担心。气我生病瞒着他，又担心我的病情。不过，现在好了，癌细胞已经控制住了，回想起来，那段日子当真是刻骨铭心，爷爷为了照顾我每天去工地上给我送药，喝药的时候，药很苦，可能是因为里面掺了汗水和泪水吧。那时我因为化疗还有修路的压力，瘦了差不多40斤，大概是80多斤的样子，看来做化疗还可以减肥。不仅我瘦了，家里的钱包也瘦了，这一病直接把我之前攒下的钱花个精光，可以说一下子回到了解放前。

西畴人物

好了，我们接着聊修路，主干路修好之后，我又带着村民修入户路，一点一点实现户户通达。我的事迹也在这段时间被大众知晓，当时我们乡的党委书记郑锦在乡上开会的时候提到了我，然后我们县里的媒体也就知道了我，对我的事迹进行了报道，将我塑造了成了"西畴精神"的代表人物。

然后，在2014年的时候，我们县成立"西畴精神"宣讲团，我很幸运，成立"西畴精神"宣讲团的首批成员，那段时间我去了四川、最高检等，当时为了做好宣讲我对着新闻联播练了好长一段时间的普通话，现在虽然有点口音，但是你应该听得懂。2016年的时候，我因为身体和家庭原因辞去了村小组长的职位，一方面我的身体因为癌症的一些遗留问题需要长时间的调理，另一方面我的孩子生了小孩，我要帮他们带带孩子。

当时辞职是出于上述两种考虑，不过后一种考虑却没有实现，最后还是留在了西畴做起了"西畴精神"的宣讲工作。2019年的时候，我被县委党校聘请到这里担任"西畴精神"的讲解员，每个月拿3000多元的工资，虽然没有我在家里种地、养殖赚得钱多，但是我很喜欢，在这里为大家讲解"西畴精神"，我觉得很自豪，越来越多的人了解"西畴精神"是一件好事。不过我也因此离开了海子坝村，搬到了三光片区，和村民的交流也少了。其实在村子里有人说，我是因为占了"西畴精神"的便宜才能成为今天这个样子，我听着是有些不开心，不过我现在已经搬走了，这方面的信息也很少关注，所以倒还好。

哦，去年吧，差不多也是这个时候，外交部发言人华春莹也来西畴了，参观了展览馆和我拍了一个短视频，之后还发了推特，介绍了我的事迹。然后，在2022年我将以党的二十大代表的身份进入人民大会堂，和州委陈明书记一起带着文山人民的呼声，那时我希望我能将"西畴精神"弘扬到全国去。

（执笔人：李文哲）

李华明：在悬崖峭壁处逢生[①]

我叫李华明，是岩头村的一名党员以及村民小组长。十几年前村子里有8户人家，每一家都很穷，条件很差，村子在悬崖峭壁之上，进出的路是一条只有两尺宽的悬崖路。由于不通公路有说不完的难处，村民们的日子过得很心酸。八九十岁的老人有20多年没有出过村，千辛万苦娶回来的媳妇也约着出去讨生活，再也没有回来过。就连我自己的老婆，也说想出去，但是被娘家挡住了才留在娘家。孩子们在两三公里外读书上课要走两三个钟头的山路，凌晨5点，大人举着火把送他们去上学，但大部分都赶不到上课的时间，总会迟到。

---

① 本文访谈资料来自2021年7月调研组于西畴对李华明的访谈。
李华明，汉族，西畴县岩头村村民小组长。

因为路不通，大家根本走不出大山。种地、喂猪、喂牛……每天生活就是这些。说是种点田，因为周围全是大石头，也只有在石头夹缝中间才能撒几颗玉米粒，都只能走很远的路去种庄稼，有时候一天走路的时间比你干活的时间还多。养了大肥猪，通常会请工来把猪抬出去卖，除去抬工的工钱，一个猪只剩有一半的钱了。有一次，村民们抬猪出去卖，抬到大街子去，结果脚一滑，连猪和人一起跌了下去，猪呢，就奔下悬崖砸死了。人呢，还挨了几个跟头，克膝头（膝盖）还受了伤。

要想富，先修路

人要致富，先修路，苦忙下去就是一辈子受穷，岩头村只有修路才会有出路。作为村小组长，我就下定决心，哪怕砸锅卖铁，也要带动村民们把"最后一公里路"打通。当时也没想到一修就是12年。

2003年，我第一次把想修路的想法说出来，但一说出来就遭到许多奚落，甚至有人就和我打赌说，你如果能把这条公路修得通，我们就拿手掌心煎鸡蛋给你吃。我就不信这个邪，作为一名党员，自己当个带头人，就必须把路给打通，不然，就真的会变成一个光棍村了。于是我开始一家一户地做工作，召集群众来开会，鼓励每户集资2800元的修路经费。实在没钱的就得卖牛、卖鸡、卖猪来筹这个款，八九十岁的老人一咬牙，就把自己准备多年的棺材木卖了。岩头村修路缺乏青壮年，老老少少齐上阵，铁锹断了，就换；手磨破了，就忍，忍到他都滚下坡去，就爬起来。总体来说当时群众积极性都很不错，主要当时很多村都在发展，都从修路入手，也发展了起来，我们肯定也不能落后。

不管晴天还是雨天，我们都一直在挖路，但挖着挖着问题就来了。

主要是大岩子下面有民房，有一股主干道公路，还有高压电线，所以不能用炸药炸，只得用铁锤打，也不能让石头掉下来砸到人家的房子，于是我们就小心翼翼，在大岩子上一锤一锤地敲打，修起来才知道有多艰难，到最后不得不停下来。2006年，我再次动员每户集资3000元，买了一台攻钻机和其他的一些供给设备，下定决心把这个岩子啃下来。可是3000元就是我们岩头村每年一户人家的收入，那一年农产品价格比较低，猪价也低，大家生活都不好。当时村民李功强到安徽去打工，但不小心就被机器切断了手，厂里给他了生活补偿费，他也没舍得用，将这笔钱寄了回来。在公路前他母亲把这笔钱交给我的时候，我的心都难过了，忍不住就流泪了，我觉得这不只是钱。当时村民们听说了这件事，都深受感动，不到两个星期全村的修路集资款就凑够了。

把这些问题解决好后，大家就轻松上阵。但修到邻村路段时，问题又出现了。

在岩头村村脚，有3个村民小组11户农户，在我们线路规划中，要把路完全打通，会占用到他们的地界，他们就不给你修了。我们去找他们商量，却遭到他们开出的"天价"索赔，说"你们岩头村要修路可以，必须先交钱给我们，不然不能占用到我们一丁点土地"。我们一直在沟通，也对他们说，"其实这条公路修好，对你们进来种地还是很方便，这是百利而无一害的事情……"，然而还是遭到拒绝，甚至关起门不开门，放狗咬我们。后来我就跑去找单位、政府反映，找到了当时西洒镇的副镇长胡世民，他挂职我们龙泉村委会，配合我们村委主任来一起去找他们商量。从党员、支部书记、村主任到村民，两级政府三番五次地去找他们协商，也没有协商下来。为什么呢？当时领导是这么说的，他们两级政府来做补助，但在村小组长这一级就没有把补贴落实下去，无形中这些钱就没了。3个村民小组11户农户的地界，补助了78000元，就是岩头村一年的收入，都需要我们来凑。那一年过年猪就不吃了，全部卖了，才筹完这个补贴的钱。

我们那两年过得相当惨烈了。杨副村长家有一个孩子，考上了北京的民族大学，拿到了录取通知书，但因为家庭实在困难，就放弃了就近去了昆明读，还去薄膜厂打工补贴家用，后来回来也跟着一起修路。这些现在谈起来都非常心酸，我们修这个路，它并不是一个人的功劳，每个人在其中都有莫大的付出。

此后不断面临又克服大大小小的困难，一修就是9年。用了9年时间，我们用石头把路给铺好，铺好以后就请一辆小货车来试一下这个路能不能上得来。当时几十年没出过村的老人，没有见过车子，也想给他们开开眼界。但是车子跑了一半就跑不了了，轮胎被磨得差点起了火。当时听见一位师傅介绍说有一种膨胀剂可以把大石头炸小一点，我们就去买膨胀剂，这也是很危险的一项工作：用绳子的一头拴在大岩子上面的树干上，另一头拴在自己的腰杆上，像荡秋千一样晃来晃去，非常可怕，如果绳子一断，就会掉下悬崖，一不小心就会没命了。

在这个不能用炸药爆破的特殊地方，用这种办法来破石岩子、修公路，既安全又快，之前用老办法要干很多年的活计现在用对了办法，3年就干好了，加上之前的9年，我岩头村16户人家16个村民接手苦干了12年。

2015年初，我们终于修通了"最后一公里"的进村路，县委、县政府补助了我们水泥，我们投工投劳，用了20多天时间，就浇灌了水泥路面，道路终于得到了硬化。岩头村八代人祖祖辈辈的道路终于通了，当年说用手心当锅煎鸡蛋给我吃的那两个人，他们佩服了我们岩头村，还为我点赞，竖起了大拇指。

干才有希望

路通了以后生活真的在慢慢改善。几十年没出过村的老人可以走到大街上去，孩子们上学不用大人举着火把送了，老人生病也不用滑竿抬着拉去医院，就连9公里以外的田也能顾上了，我们投入在田里面的活计也多了。稻谷成熟后，很快就可以拉到家。就连我老婆，之前跑到娘家去，也回来了，在当时那种环境下，谁不想有点好的生活呢？我也很理解她。

我曾经说抱怨命运，不如改变命运；抱怨生活，不如改变生活。最后一公里路打通后，我又带领村民们搞入户路，入户路搞通后，又去跟政府说拨点沙石料和水泥，大家马上动起来，用了15天的时间，就浇灌了水泥路，一家一户都到家门口了。路完全修好以后，政府给我们盖了200亩的蓄水池，从十多公里外引自来水，解决了我们的用水问题。

"小康是干出来的，不是等靠要来的"，习总书记说的这句话，我在电视上经常见。坚持奋斗的人生，才是幸福的人生，这我深有体会。路打通了，我又带领村民们为"产业致富"的最后一公里开始新战斗。现在岩头村有16户人家72个人，我们成了"西畴精神"教育基地，把过去几十年的修路记忆、生态记忆都保存了下来，有很多人来学习和参观。我们家家盖起了新房，吃上了自来水，也建了个活动室，办了养猪场和养鸡场，想办一个农家乐、超市。现在我们村下一步的打算是提升村容村貌。我想我们的好事一定是一件连着一件，喜事是一桩连着一桩。

（执笔人：李会泽）

刘超仁：老党员开辟的致富路[①]

我是1964年初中毕业，1965年的时候我们村办了一所民办小学，领导和群众就让我在这所学校担任教师。那时候是一师一校，我既是老师又是校长，语文、数学、体育、唱歌、美术都是我一个人教。工资都是凭工分拿，国家每个月给我补助6块钱，后来慢慢9块、12块、15块、20块涨了上去。1991年的时候，我从民办转公办，到了1996年学生生源少，学校优化，我又被调到了岔口小学去任教。在那里教了4年我就退休了。1999年我退休的时候，每个月可以拿600块钱的退休金，但当时我们一个村年收入都没有600块，看到家乡落后贫困的现状，我是看在眼里，疼在心坎上，心中十分酸楚。

挖走穷根

当时江龙村穷到什么地步呢？每年过完年的时候，我们就提早考察到有粮食的地方，找亲戚、找朋友去借粮食，借1斤荞子，要换上1斤苞谷，借上1斤苞谷，要换上1斤半的玉米。为什么会这么穷

[①] 本文访谈资料来自2022年7月于西畴对刘超仁的访谈。
刘超仁，汉族，西畴县东升村委会江龙村退休教师。

呢？因为山上的树木都被砍光了。当时大家集体办了一个瓦厂，就爱去山上砍柴来烧，每年7、8月份下暴雨的时候，就容易形成洪水冲刷下来，群众种的庄稼一转眼全部被破坏，所以当时大家辛苦一年的庄稼就只够吃半年。

当时群众有搬家的念头，听到、看到其他村寨为了生存搬到丘北平原、西双版纳盆地等地方去居住，就也想搬。我们村领导知道以后，就把大家召集起来，问大家想不想搬，大家说想搬。那天晚上开群众大会就选出了5个人，到丘北县的3个乡镇去考察，来回5天5夜。回来的时候他们说丘北不要条件好的人家，但条件差的你可以来，因为他们觉得自己都不够吃了，如果你条件好的话我们怎么能够你生活呢？一把这消息带给大家，大家都决定不搬了，还是想着虽然条件差一点，但还是要守住老祖宗留下的根，要用我们自己的双手艰苦奋斗、穷则思变，日子总会慢慢好起来的。

埋下新苗

我退休回来的时候，在电视里面看到那些外地果农种植橘子发了财，我就私下与群众交流，鼓励他们要发展产业增收致富。可是教群众比教学生难多了，群众都不大愿意听我的话。当时我就察觉到这个问题，群众都愿意听党话跟党走，而我不是个党员，如果不是党员在群众中就没有威信。我就想怎样才能帮助群众，怎样才能让群众相信我，左思右想就决定入党。当我把入党的想法和家里老伴说了以后，她就骂我疯了，说你退休回来我是希望你好好跟我种几亩地，安安稳稳过日子就行了，还操那么多心干什么呢？

当时村里面有8个党员，但他们年纪偏大了，我就想申请入党。听到群众的议论，我也犹豫了一段时间，2004年的时候我就下定决心了，郑重地向我们党支部提交了入党申请书，经过组织的考察，我就光荣地加入了中国共产党，成了一名党员。于是我想，要带头致富，不如先做给群众看，只能继续动员群众发展产业种植。

浇水施肥

2004年一共8户人家种了20多亩，我也种了3亩多，把自己的好田好地都拿来种了。种植以后通过精心管理，到了2006年，我们发现果子又大又甜，群众看到以后都想发展，想一起来栽，所以我就向村支部提出建议，要把橘子立成江龙的产业，发展规模种植。村支部听了以后，就及时召开了群众大会，询问大家的意见，发现大家都一致同意。既然大家都想栽，我们村支部就决定带着大家去建水等地方考察学习，开开眼界，看看人家是怎么种植管理的。当天晚上我就说，你们去的群众每人交50元，如果还不够我们村支部就拿出5000元的活动经费。当时我们江龙村有56户，其中53户报了名，剩下3户因为子女都外出打工去了，得在家里带孙子，就没有报名。

  2006年的9月20日，我们请了3辆风马车，头天晚上的21:30就从江龙出发，天刚刚亮就到了建水县的南庄镇黄浦村。因为我们提前和当地的领导、技术员联系了，所以他们也有个思想准备，知道我们来了以后非常热情，供我们群众吃饭，让我们走走看看。听人家这个领导和技术人员来亲自介绍，确实很受感动，很受启发。当时我问他们领导，有没有嫁接的橘苗，他们说有，要多少有多少。他们当时是卖1元1棵，最后在我的说动下，了解到我们家庭实在困难，就给我们优惠到8角，最后回江龙的时候我们带回来1.3万棵左右，然后按照技术员的指导，包括规格、尺寸这些，整地栽种，栽下去以后开始科学的管理。所以江龙村是从2006年起，每家每户，年年都在扩大种植面积。到现在江龙村有68户人家，全部都在种植，有早熟、晚熟的八九个品种，村内村外一共1100多亩。有些群众还想扩大种植面积，就打听到麻栗坡有很多荒山荒地，土壤、气候都很适合栽橘子，我就说你们好好去干，干好了还能带动他们地方发展经济。2018年秋收以后，有6户去租了1000多亩，到了2019年又租了1000多亩，现在我们去麻栗坡发展的一共有12户人家，栽了2000多亩，所以现在江龙村发展柑橘产业，一共3000多亩，年收入500多万元。可以说三年以内，江龙村的柑橘种植可以上5000多万元，已经完全不同于以前的生活了。但近几年受疫情的影响，我们橘子的销路是比以前差了一点。2008、2009年的时候，越南来了两个女老板，觉得我们江龙村的橘子味道很好，又大又好看，放心之后就叫麻栗坡的中间商头天打电话来预约，要多少吨我们就安排农户采摘多少，第二天早上车子就到活动室那里，他们装箱过磅以后把钱付了，就赶紧拉着走了。因为海关天保那里了嘛，17：00以前可以过关，之后就过不去。还有以前一个贵州的老板来买，我们给他1元1斤，他一拉就拉了1.6万多斤，以前是不愁销路的，现在我们橘子主要集中在西南片区销售，出国也出不了。

2004年的时候，国家鼓励我们自建小康村，说建一个小康村就有15万元。周边村都在申请项目指标，我们也想去争取，但当时政府说我们基础条件不好就没有批准。村民们非常灰心丧气，我说不要紧，我们党员干部和群众代表立马就组织起来去其他小康村参观学习。当时我们跟镇上的领导联系以后，他们也很支持，派了3辆面包车来接我们，一行去了16个人，参观了4个村寨，分别是龙坪的大寨村、现在的东升村、老街的克广村、莲花塘的大洞村。看到他们家家都是水泥路，道路光滑平整，房屋也改造得很好，我们很受震撼，收获很大。

回来以后就开始召开群众大会，在会上我就说，今晚大家就围绕着小康村干不干，怎么干，充分发表意见。通过大家的发言，最后归纳总结——一切等着看，不如我们自己干，小康就是干出来的，不是等、靠、要来的。在群众会议上，我们就说要集资集劳，如果实在困难，一次集资不了那么多钱的话，就分几次来。第一次集资，到了交钱的那一天，情况就不好，非常遗憾，要求人均交100元，但只有6户人家来交钱。大家确实很灰心，群众大会上说得多好听，等到真的交钱的时候，就只有那么几家来。之后我们村支部党员就分成两个组，挨家挨户去走访了解，了解到一部分群众不是不想交，而是有顾虑，说怕我们这些领导把钱拿去买酒喝，做些豆腐渣工程。另一部分群众确实家庭困难拿不出钱，说过一段时间把鸡、鸭、猪这些卖了，凑够钱了就交上。通过了解这些情况，我们又及时召开了群众大会，在会上向群众承诺，大家从牙缝里挤出来的钱，是用在我们集体的公益事业上，用在修路上，就算1年干不好，3年之内一定要把公路全部硬化。你们交了的钱用在了哪些地方，我们会计一定会给你们记清楚，每年底把账务公开出来。这样大家才开始放心。

从那年开始，我们先后4次按每户人口多少来集资，人均780元左右，三年内共计 21 万元来自建小康村。我们也还是边干边"要"，向我们县、州的单位部门去争取资金，有时候要到 500 元、1000 元，有时候得到一两包水泥，都很高兴了。通过两年半的时间，我们就把江龙村的道路全部硬化，主干道 2.5 公里，加上入户路和分支路，总共硬化面积 1600 多平方米。

　　路修好以后我们立马召开群众会议，制定村规民约管理，开始实施封山育林，严禁乱砍滥伐，发动群众植树造林。因为过去江龙村山上的树都被砍光了，我们规定如果再去砍柴的话一口气就罚款 500 元，当时种的沙树苗是政府发的，我们一共种了 980 亩。种树的同时，在政府的帮扶下，我们家家户户都开始建沼气池，全县 68 户建了 71 口。因为原来要买炭来烧火，大多数人都会选择上山砍柴，而沼气池建成之后呢，大家也不上山砍柴了，也不怎么烧炭了，而且用沼气做饭非常实惠，比如一家人养上一头猪，沼气就够用了，不仅减轻了经济负担，也减轻了劳力。在 2013、2014 这两年，政府帮扶危房改造和安居工程，这两个项目就是 2 万元，我们就把自己原来的旧房拆了建上了钢混结构的新房，可以说建上了小洋房嘛，早已经实现了县委政府提出的"六子登科"和石漠化综合治理模式。

树下乘凉

　　原来我们是"山头无帽子""山间拉肚子"，现在你看四周都是绿茵茵的，枝繁叶茂。"六子登科"综合治理模式就是"山顶戴帽子"，"山腰系带子"就是种上经济林果，"山脚搭台子"就是建"三保台地"了，"平地铺毯子""入户建池子"就是家家户户都喝上自来水了，"村庄移位子"就是说以前我们江龙村什么都没有，但通过这些年的发展，我们有的农户到了文山、昆明这些地方去买房、建房，建房了以后，有的在昆明开办公司，当上大老板啦，这些都是根据我们江龙的模式总结出来的。所以江龙村现在人均年收入 2 万多元，通过这些年来的发展建设啊，使我深深感受到贫穷落后并不可怕，可怕的是什么？是我们党员干部失去带领群众解决贫困的信心和自信，这是我这些年的感受。

　　我们江龙村把"小康是干出来的"这几个字写在活动室的墙上，

时刻教育我们也教育群众要勤劳奋斗，习总书记说天上不会掉馅饼，要靠我们努力奋斗去争取幸福，这几个字是我们江龙村的真实写照，也是我们西畴大地的一个缩影。当我走进村子里时，看着满目绿油油的果子挂满枝头，村容村貌焕然一新，这使我深深对我在花甲之年入党的选择感到自豪和欣慰。

在2000年前，我们江龙没有一个大学生，很遗憾，连高中生都少有。2004年10月，我们省关工委来江龙村调研，跟领导汇报之后，领导就建议我们成立一个关工小组，我当年就担任了关工小组的小组长，每年我们支部提出五六百元，买钢笔、铅笔、擦笔头等，作为给我们村读小学、初中、高中获得前三名同学的奖励，所以这些年来江龙村有11个本科生，5个专科生。2021年我统计了一下，我们60岁以上的老年人有46个。2020年，我们举办了一次"关爱老年人，关心下一代"春节联欢晚会，那时我们80岁以上的老年人有8个，考取大学的和在读的学生有11个，在小学、初中、高中获得前3名的有7个，我们给每人发了100元的慰问金。加上每年像我们县的农业部门、县科协，还有州关工委，都会定期到我们村来搞科技培训，群众大多掌握了1—2门科学技术，懂得了修枝剪叶、果树的管理、品种的防治等，我们村民的人均素质、文化素质都在不断提高。现在江龙村有68户286人，在外务工的有30人左右，2019年的时候我统计的是68个，但现在他们在外面干了五六年就回来自己创业了，有的回来自己当了老板，搞装潢、汽车修理，还有自己在家发展养鸡养猪养牛的产业、搞运输。

到了2020年，我们各级领导关心关注江龙村的发展，他们在我们村实施了4个项目，一是庭院建设，农户家自己都铺上了草皮和鹅卵石路。二是产业路硬化，群众原来很困难，施肥、打农药都要爬山，路确实不方便，我们跟政府领导说了以后，政府领导很关心，给了大力支持，最后一直给我们硬化了3.5公里长、3米宽的产业路。所以说群众现在高兴，他们说，"我们做梦都想不到啊！"这不仅大大减轻了我们的劳动力负担，现在城市里的小车都可以开到地里边去。三是建了一座冷藏库，因为有时候市场的价格不好，我们就把橘子放进去冷藏保鲜，等价格好了再拿出来卖。四是上海的政府援建的污水排污，家家户户的污水都排到净化池里去，你说以前只有城市才有这个，但现在，在我们农村，都见到了、实现了、享受到了。

2019年12月16日，我荣获了全国先进个人，我有幸到人民大会堂领奖。当我接到通知时候很激动，我想到我一个小学的退休教师，能够到人民大会堂得到习总书记的接见。

那天早上，12月16日，2019年的12月16日，我们从宾馆乘车到了人民大会堂，领导就安排我们立刻走进去，当时云南省有8个先进个人和集体代表，3个先进集团是昆明的老科协赵老师代表，9:30左右习总书记来到我的面前，我就伸出我这一双瘦小的手，握住了习总书记温暖有力的大手。那时我万分激动、热泪盈眶，确实是太激动、太感动了，是我终生难忘的记忆。我今年75岁，我会以一名党员同志的初心和情怀，在平凡的工作事业中有一分热，就要发一分光。在我们党的领导下，听党话跟党走，和我们村支部继续带领群众在乡村振兴的路上发扬我们"西畴精神"，把我们家乡建设得更加美好，过上更幸福的日子。

（执笔人：李会泽）

程敦儒：逐梦绿水青山的草药人[①]

我是程敦儒，1951年6月出生于云南省文山壮族苗族自治州西畴县一个普通的家庭之中，家里的人不是很多也不是很少，但大多都对我的人生产生了一定的影响。

我的祖父曾是村内的一名乡村医生，他熟识各种中草药的知识，对我在之后从事的中药材种植行业有非常大的影响，从小我的祖父便让我熟记各种中草药的名字和特征，并且常常让我跟随他一起去采中草药，这点燃了我早期对于中草药的兴趣和热爱。我父亲曾在

---

① 本文访谈资料来自2022年7月调研组于西畴对程敦儒的访谈。
程敦儒，汉族，西畴县百汇药材林果种植专业合作社理事长、党支部书记。

1950—1951年期间就读于云南大学，并在毕业之后再度前往西南政法学院深造，研学法律知识。他在大学毕业之后曾成为中国民主同盟在文山壮族苗族自治州西畴县的开拓者和主要人物。父亲的早年经历曾为我带来重视教育的家风，我在早年十分热爱学习，并且学习成绩比较好，本来可以上一个比较好的学校，同样是由于父亲在早年的一些经历，导致我不能再继续接受更好的教育，直到1978年我的父亲被平反，我的父亲不再是右派，但是，我已错过了接受更好教育的机会，但这次经历并非全是坏的方面，它反而让我明白了学习知识的重要性，所以到现在为止我都在认真学习各种各样的知识，与时俱进。

我的妻子是我一生之中最为亏欠的人，她先后和我经历了第二、第三次创业失败，面对一贫如洗的家庭她差点喝农药自杀，第三次失败之后要不是有她陪着我，我可能不会做出现如今的成就。我有四个儿子，他们都比较争气，大儿子在邮政局工作、二儿子在交通局工作、三儿子由于身体问题并没有继续上学获得很高的学历和考取公务员，现在准备接中草药种植产业的班。四儿子在统计局工作。

生命曲折

如果说到我的创业经历的话，我必须得好好说说，别人都说我有三次创业经历，但实际上，我有四次创业经历。

第一次创业经历是我开办砖厂，在20世纪80年代，也就是改革开放初期，大概时间是在1984—1985年间，我就在我们西畴县县内开办砖厂烧砖，由于我们砖厂烧砖的质量比较好，西畴的群众大都十分喜欢我们烧出来的砖，那时候我一下子赚了大概有二三十万，20世纪80年代的二三十万可不是小钱啊，那个时候我可算是当时西畴县的经济能人了，当时我就买了摩托车，之后又买了汽车，我是西畴第一个买小汽车的人。

当时我开办砖厂之后有了一定的经济基础，我就开始思考我之后要做什么，继续开办砖厂、继续赚死钱，还是开辟新的产业？我当时想了很久，最后感觉不能死守着一个砖厂，否则等用砖的需求降低之后，我还能做什么？所以我当时就结合市场，当时中药材很赚钱，其中生三七能达到30元1斤，同时类似于三七这样的中药材也很适合在西畴种植，光线充足，药用价值高，再加上我个人对于中药材的种植也很感兴趣，所以我当时就打算把从砖厂赚来的钱用在种植中草药之上，尽管当时很多人感觉难理解，说好好的钱不赚，反而去种什么中草药，不是有病嘛，但我最终还是义无反顾地去做了。

就此，我踏上了第二次创业的征途，1986年我把我的砖厂给卖掉，卖了十多万，再加上我赚来的几十万，全投入种植中草药之中，我的第二次创业也自此开始，当时我觉得第一次创业比较成功，所以我对第二次创业便也抱有了很大的希望，1987年，我种植了500多亩的三七，当时我还去麻栗坡买了40多把红油枪、土炮枪来防贼，别人说我要拉武工队，当时我已经种了三年三七，方面获得大丰收，挖了之后就用烤房烤，全部堆在烤房里面，并且本来已经联系好了老板，准备拉到广州去卖，再有两三天就要拉出去卖了，突然有一天晚上，我当时在文山城办事，没有在烤房那边，当天晚上烤房不知什么原因突然失火了，当时没有电话，家里派人跑着来告诉我，我才知道烤房失火的事情，当我真的看到烤房失火，我的双腿都软了，一夜之间什么都没有了，全部的家底、心血都投到里边了，大概有几百万。

当时我感到十分难过，但也没有办法，停了几天也没有办法，我看三七的市场价格还是不错，所以我打算直接破釜沉舟，回家把房子卖了，卖掉房子之后，我又把钱投入三七的种植之中。

20世纪90年代是我比较关键的时期。1988年，我成功加入中国共产党，党为我指引了方向，同时为我之后渡过苦难发挥了重大作用。与此同时，我也开始了我的第三次创业经历，还是在西畴种植中药材，主要是三七，当年种植的效果同样非常好，收获数量非常多，这次没有天灾，反而人祸降临。当时我们正好赶上2000年前后三七的市场价格暴跌，原本的生三七价格为37—38元1斤，但当时就算是1斤1元都没有人要，那个时候一下子又什么都没有了，钱没有了，家也没有了，我和老婆两个人备受打击。

老婆当时实在没有办法准备喝农药一了百了，一口气喝了半瓶杀虫的农药，我从外面跑到家里一看，我老婆躺在地上，满嘴都是白沫子，我赶紧让人用梯子抬着我老婆去医院。她到医院的时候就已经不省人事了，当时我那两个儿子读二年级，找我要两毛钱去买练习本，但当时我连两毛钱都拿不出来啊，我身上是一毛钱都没有，什么都没有，当时我那个心里真的是矛盾啊，一方面老婆在医院里还没有消息，另一方面面对我的孩子，我连两毛钱都拿不出来，真的是急死了，那个时候我也想过要不我直接去死算了，农药瓶都放到嘴边了，但突然一想，如果我死了，还有那么小的孩子呢，他们怎么办啊？然后我就一个人在那里想，等了半个小时左右，我感觉不能就这样算了，我直接把农药瓶"啪"的一声砸在地上，跑到医院守了老婆六天六夜。直到老婆醒过来，但那个时候已经是什么都没有了，老婆住院之前，这个借一点，那个借一点才勉强过活。

回来之后，生活上就是种植苞谷，吃点自己地里种的蔬菜，那个时候家里只有盐没有油，就这样一家人混着，过了一年又一年，但当时也想，我不能就这样坐着等死，唯一的办法就是我去么铺子村那边的基地，租荒山种植中草药，因为我爷爷之前是乡村的草药医生，所以我在小时候就跟着我爷爷一起去采草药，然后他做不了之后，我就替他去挖，所以我比较了解山上的草药。大概在2000年，我就从么铺子村亲戚那边的荒山上花一万元租了大概500亩山地的20年使用权，由于当时没有钱，所以当时是说荒山先让我种着，然后等5年之后有了成果再把钱补上，后来就是夫妻俩一起去山上干，两口子自己干，自己吃，因为没有钱，没有亲人，所以什么都是自己做，房子都是自己用茅草搭的，自己挖一点种一点，挖一点种一点，慢慢把500亩都种上了中草药。当时条件有多艰苦，就这样说吧，四十厘米长的锄头，我都用坏了20多把。我们几乎四年没有下过山，别人看见我们都以为是野人下山了，为了省钱和省事，我的头发也是我老婆帮忙剪的，曾经有一次刮大风、下大雨，茅草屋塌了，我和妻子就在塌了的茅草屋里待了一晚上，当时可凄凉了。

苦心人，天不负

2005年前后，我们基地里中草药种植得有点效果了，然后我以前的朋友——何富贵，现在在县扶贫办当领导（当时我专心搞我的中草药种植，所以之前的朋友也很少有来往，他也是听别人说，程敦儒在山上种植中草药呢）。当时何富贵就走路从县城到我在山上的基地，当时没有车得走个把小时才能到，他来到之后看到我条件的艰苦且五六年没见，一见面他也替我感到心酸，毕竟曾经身家几百万的人过着"野人"一般的生活，当时他就给了我一万块钱，我当时激动得不得了，然后我的基地就慢慢发展，进一步就慢慢搞成现在的规模，有两个基地、接近上千亩土地，为了进一步发展我们的中药材种植产业，我于2010年牵头成立西畴县顺发阳荷种植专业合作社，同年四月成立了西畴县西洒镇中药材种植专业技术协会，进而于2018年在合作社和技术协会的基础上成立了自己的西畴百汇药材林果种植有限公司，现阶段，我主要管理公司的技术方面工作，然后公司的资金和人员等方面由三儿子和儿媳在管理，我们每年为当地提供众多的就业岗位，通过让其就地就业缓解上级政府脱贫压力。

我的公司紧紧围绕县委政府提出要大力发展特色农业"栽好一山药"的要求，现阶段西畴通过我的中药材种植基地成功为西畴县申报到"山豆根云药之乡"的称号，成了云南白药的优质供货商，为云南白药提供了优质原材料，以今年的订单为例，云南白药给我们的订单大概有三十吨，价值大概一百万。阳荷、粉防己、重楼等中药材更是经由广州的中介卖到日本、新西兰等地。同时现阶段我的两个基地有不同的功能，西洒镇的山豆根种植基地主要以生产山豆根、云南苦参、粉防己以及重楼为主，现阶段育苗、游苗、种植等生产过程都可以在那边完成，然后么铺子村的老基地则主要是中药材加工以及收集各种中草药之用，将生产基地处的生药材进行烤干深加工。

兼济天下

可能是经历过苦难的人才更能体会苦难的艰辛，我富起来之后继续带领周边的村民富起来，使更多的群众摆脱贫困，通过自己的公司（协会、合作社）带动农户发展经济，公司（协会、合作社）的目标便是"团结中药材种植户和中药材经销商，提高种植水平，畅通销售渠道，实现共同致富"，以推动农村经济发展为己任，以科技培训、科技服务、科技示范为主，通过签订合约等形式，发展中药材仿野生种植、阴性半阴性药材设施栽培、道地药材迁地保护等种植试验和经营，与广大种植户和经销商结成利益共同体关系，引导农户（会员）合理规划、科学生产、合同销售，保证农户（会员）在生产、经营中获得效益，走出了一条"公司+合作社+协会+基地+农户"的产业化经营路子，取得了一定成绩。

最近几年来，公司（协会、合作社）在政府和农户之间起中介作用，一方面公司响应政府脱贫攻坚的安排，把扶贫济困、扶持贫困户发展，带领贫困户共同致富为己任，积极参与扶贫攻坚，吸纳国家减贫带贫资金300万元，带领全县536户建档立卡贫困户发展中药材，为西畴脱贫摘帽做出了积极的贡献；另一方面则是公司对于农户提供种苗、技术、保护价等各种优惠政策使当地村民获得最大的利益。我主要通过租种村民的土地，以每年每亩800元的价格进行租用，共从当地村民处租种大概500亩，为当地村民提供一笔不菲的报酬；同时通过雇用村民在基地做工，为当地村民提供就业岗位和工资（长期工每月3000元、短期工每天70元），使其能够有一定的收入；另外我通过为当地村民提供种苗、技术培训和收购，使村民能够安心的自力更生，实现自己的创收梦。

只有经历过苦难的人才更能体会苦难是什么感觉，有人说你程敦儒出资、出技术甚至是按照补贴价收购中草药，你是不是就为了那一张证书，为了自己的名声，为了自己能够赚更多的钱？那是不对的，完全没有想过，那些证书我多得是，都堆在家里，但名声这个东西是靠别人的嘴说的，我控制不了，我只能控制我自己，让我尽量地做好事，曾经的我感受过失败和贫困，所以我深知失败和贫困是个什么滋味，我站出来帮助身边的人并非为了自己的好名声，也不是为了自己能够赚多少钱让别人看得起，我就是单纯出于我作为企业家的责任感和良心。"一个人富不算富，大家都富才算真的富"，我能够站出来为大家铺一条路，让大家都不再尝到贫困的苦，这才是我最想要的结果，我虽然做不了很大的成就，但我就尽我所能，能帮一个是一个，通过我努力带动他们，让他们都能够有一个养活自己家里人的活计，我也想像杜甫一样"大庇天下寒士俱欢颜"，帮助更多贫苦的人。

随着国家工作任务的改变，也就是脱贫攻坚任务大体完成，乡村振兴正在路上的大背景,我将更加发挥我和我的公司的作用,群众需要哪方面,我就协助政府做哪方面,为推动乡村振兴实现"产业兴旺、生态宜居、乡风文明、治理有效、生活富裕"做出自己的一份贡献。

(执笔人:安龙凯)

高兴龙:基层科技"土专家"[①]

我是高兴龙,1970年出生于云南省文山壮族苗族自治州西畴县,当时为能够早点娶到老婆,所以身份证上是1968年出生,我家里的父母对我影响比较大,父亲曾在部队内当过十年的兵,母亲曾是村委会的干部,他们对于我之后的人生历程起到很大的帮助。我自出生到工作前曾接受过较好的教育,特别是在大专学习到的兽医知识,对我之后发展乌骨鸡的养殖有比较大的帮助,我拥有其他人不拥有的技术。

林下生机

1990年12月前后我便参加工作,在香坪山林场的木材检查站工作八年半左右,之后又到香坪山下林区担任四年的护林引领工,在1999年前后,香坪山林场出台鼓励职工进行创业的政策,允许职工出来搞承包,支持搞创业,发展林下经济;2001年前后,我就在单位支持创业的政策下,在林场内租种800亩林地种植八角,在种植过程中,八角总是被一种叫旋涡虫的虫子挖空,为了提高八角的产量,我便想通过养殖乌骨鸡来防治旋涡虫,一试效果果然不错,所以就发展出来了林下的乌骨鸡种植养殖模式,"乌骨鸡散养在林中,活动范围大,主要采食八角籽和昆虫野草等绿色植物,因此口感鲜美,产的

---

① 本文访谈资料来自2022年7月调研组于西畴对高兴龙的访谈。
高兴龙,汉族,西畴县兴龙养殖农民专业合作社理事长。

鸡蛋营养丰富。此外，乌骨鸡还能消灭"旋涡虫"，粪便可以使土地肥沃，让八角树长得更好"。2011年前后，我们成立了兴龙养殖农民专业合作社，用于种植八角林和养殖乌骨鸡，发展林下经济，走出一条符合我们当地的生态路线。

我在发展乌骨鸡种植养殖产业的时候大体上主要经历了三件事情：其一是"乌鸡提纯"；其二是对外学习技术和销售手段；其三是带领群众脱贫致富。

其一是"乌鸡提纯"，乌骨鸡曾是西畴本地品牌，但后来由于杂交导致乌骨鸡的鸡苗质量变低，所以当时为了避免失传，同时也是为了打造一县一品的项目，县政府计划对乌骨鸡鸡苗进行提纯，但最终并未像预想的那样成功，所以政府就请我进行乌骨鸡的"乌鸡提纯"——把花色杂的乌骨鸡通过基因筛选实现乌骨鸡的颜色统一，最终的乌骨鸡是纯黄色的鸡，所以当时县政府就从普洱正源县引进乌骨鸡，然后进行基因提纯，在省林业厅、州水牧局、农科局的帮助下进行乌骨鸡的提纯。由于我在之前对于兽医知识有一定的了解，同时又有当兽医的经历，所以我对基因提纯的技术接受得很快，一般乌骨鸡通过人工采精，历经三代便可以进行基因提纯，换句话说，便是经过曾祖、父、子三代的基因提纯，第四代的孙代便是纯种的乌骨鸡，在乌骨鸡提纯完成之后，我的乌骨鸡基地自然而然也就成为全县的种苗基地。

其二是对外学习技术和营销手段，自我成为乌骨鸡养殖的能人开始，我就没有忘记要去外面学习经验和技术，曾经在政府引导下多次前往全国各地学习种植养殖产业发展经验和营销模式，比如我曾去中山大学和深圳党校学习经验，当地有"木瓜果走地鸡"，所以当时我就想能不能给我的乌骨鸡也起一个类似的名字，当时考察过程中也有县里的领导在，我突然就想到一个名字，说叫"八角飞鸡"，县领导一听感觉不错，就让我回到家之后赶紧去申请注册商标，回到家我又好好思考了一下商标的问题并且咨询了一下相关人士，最后确定了"八角飘香鸡"的商标，现在已经申报成功。同样2022年七月份，我刚刚去参加了文山壮族苗族自治州工商联、统战部共同举办的党建学习活动，前往井冈山大学学习中国共产党党史和经验，响应党建引其三是带领群众脱贫致富，为助力群众脱贫攻坚，我实行了敬老关爱股（同样是学习党校经验和中山大学）并建立了残疾人扶贫基地，一共帮助1539户建档立卡户实现脱贫攻坚，并吸收残疾贫困农户20户加入乌骨鸡合作社，并为5户残疾人家庭提供就业创业机会，为全县九乡镇都提供乌骨鸡鸡苗，让其养殖乌骨鸡。敬老关爱股，无偿为当地60周岁以上20多位老年人（合作社人员的家属），每人赠送敬老关爱股金5000元股份，按照60—69岁、70—79岁、80岁以上三个档次，对应每年分给每位老年人股金红利500元、600元、700元作为股份分红收入。对于1539户建卡立档户，免费提供种苗，并收购成鸡，脱贫攻坚结束之后，我仍是对于农户提供一定的帮助，以技术培训农户，以成本价出售鸡苗，并设置回收成鸡的保护价，不赚差价。

心怀大我

但在帮助农户进行技术和提供种苗的过程中同样存在一定的困难，即部分农户和合作社接受了我的乌骨鸡，养殖的过程中同样我也给他们提供了技术，但他们并不按照我们的技术要求进行操作，他使用激素等添加物，虽然加快了乌骨鸡的生长进程，但同时也降低了乌骨鸡的品质，影响了乌骨鸡的名声，所以在之后我便不和那些农户和合作社合作，以保证乌骨鸡的质量。

在发展种植养殖产业过程中，我为避免产生风险对于工人的年龄有一定的要求，工人的年龄要在30—55岁之间，60岁及以上不要，我的员工中女性员工多于男性员工，我们所雇用的长期工一个月2400元（喂鸡、扫鸡舍）或3000元（有一定的技术），工作不同，工资也不尽相同，一般一个月或两三个月发一次工资，同时工人不想领取工资的话，可以在我手中帮忙保存，好几个月不领，到某一时间统一领取，为应对比如学费所需。

政府支持众多林下经济的产业，西畴也有很多家企业，但仅剩我家一家乌骨鸡企业发展得不错，我认为差异的原因主要有三个：技术，资金和市场。技术问题，尽管有政府安排的技术人员，但技术人员的实际效果不佳,科技人员和农户之间的差别,实际上是理论与实际之间的差距,我将这种情况描述为"会说的不会做,会做的不会说",反而我这种土专家可以通过使用村民听得懂的知识讲给他们听,我自己通过自己的知识和技术使公司发展,同时带动众多群众发展乌骨鸡的养殖产业;资金问题,政府对发展林下经济的农户进行扶助,但量上杯水车薪,是全县域内的统一问题;儿子和儿媳(专业市场营销)主要从事营销,包括开办网店和文山的乌骨鸡实体店,线上线下相结合的营销模式,现阶段由于政策变化,不能在店里直接展示活鸡,所以现阶段乌骨鸡实体店实际成为鲜切鸡的线下销售店;政府帮助我们联系公司,其中有一个上海对口扶贫企业西畴珍滋味农业发展有限公司,公司帮忙对乌骨鸡进行深加工,扩展乌骨鸡的销路,如制作成浓缩乌骨鸡汤等。

在我看来,技术是公司发展中最重要的一点,能够将技术分享给别人使用是县域内产业发展的重点,身为一名土专家,我的技术可能在技术人员之中不算是最优秀的,但相比于专业的技术人员也有一定的优势,我可以用群众听得懂的话讲给群众听,可以在一定程度缓解"会说的不会做,会做的不会说"的困境,有时候给高科技特别是农业技术添点"土",入乡随俗,结合当地实际解释技术,让群众可以更好地理解和使用技术。

随着国家工作任务的改变,即脱贫攻坚任务大体完成,乡村振兴正在路上的大背景,我也会更加发挥我和我的公司和农业生产合作社的作用,竭尽我所能帮助县内群众发展林下经济,通过我的优势从群众内部培养更多的乡村土专家,让技术助力乡村实现"产业兴旺、生态宜居、乡风文明、治理有效、生活富裕"。

(执笔人:安龙凯)

张贵相：一辈子和土地打交道的劳作者[①]

1979 年，我出生在新马街乡坪坝村委会克丘村小组，我是家里的第四个孩子。我是被母亲拉扯大的，父亲很早就去世了，他去世那年我最大的哥哥只有 12 岁。等到我 12 岁的时候，家里没钱再供我继续读书了，我只好从母亲手里接过农具，干农活直到我 18 岁。18 岁那年，我去马关打工，打了一个月工只赚到 60 元。一个月后，哥哥把我喊了回去，我便又开始了种地，我这一辈子怕是都离不开种地了。2002 年，我 23 岁，结了婚。婚后我们去了广州打工，打工很赚钱，但是很累。2010 年，我和丈夫因为一些回乡创业、开家具厂的想法结束了在外务工的生活回到了老家龙潭坡村。那一年，我的女儿吴安语出生，全家人都很开心。女儿出生之后，我家孩子刚好一男一女，组成一个"好"字。但是这个世界却好像见不得我好似的，一巴掌把我拍在地上。为什么这么说呢？

我家姑娘出生时后脑勺有个包，出生 20 天的时候突然缺氧，兴街医院说他们不能治，没办法，我们只好急忙把孩子送往文山，文山的医生说我家孩子严重缺氧，已导致脑瘫。面对高额的治疗费用，又想想家里的情况，我权衡再三只能暂时放弃在文山治疗女儿的想法，带着女儿回到老家。回到老家之后，女儿的病逼着我和我老公拼命攒钱，我老公他每天起早摸黑，种着家里的一亩三分地，我则带着女儿四处求医，为的就是能够为我姑娘找到一点救治的希望。

后来，2013 年的时候，在带女儿治病的路上，很不幸，我遭遇了车祸，在医院昏迷了 10 天，颈椎、脊椎部严重受伤，肢体无法动弹。那时每住在医院一天，我们家就要少一份钱，我姑娘的病就越难有希望，在病情稍稍好转之时，我便毅然回到了家里，但也只能卧病在床，像个废人一样。那一年我儿子 11 岁，我姑娘 3 岁，都是需要

[①] 本文的访谈资料来自 2022 年 7 月调研组于西畴对张贵相的访谈。
张贵相，女，汉族，西畴县贵相维草莓种植专业合作社理事长。

照顾的年纪，我也因伤卧床对家里的事儿一点忙也帮不上，全靠我老公一人照料。

我老公是我堂妹的同学，我们是赶街子的时候认识的，他很温柔，我们性格也算是互补了。啊，扯远了。

与草莓的结缘

总之，那段时间家里家外都是我老公在照顾，日子过得也很辛苦。但是我们总要生活下去，为了生存下去，也为了更好地照顾女儿，我和我老公商量了一下准备在家里的地上种植草莓。

家里面种草莓的话，我大儿子应该很开心。记得有一次，他和我亲戚家一个小孩两人一起不到半小时就吃完了6斤草莓。不过，他们吃的草莓不是自己家种的，当时买的时候草莓价格很高。我种草莓还有一个原因可能就是儿子喜欢吃草莓，但是买别人家的又很贵，倒不如自己种。

2014—2015年，这两年对于我来说是大喜大悲的。2014年，在老公的照料下我逐渐可以下床走路，身体有好起来的迹象，你看我现在，哪儿能看出来是受过车祸的人？但是2020年却发生了一件我觉得天快要塌下来的事情。就是我老公在微信上刷到了一个卖草莓苗的店家，而当时我们没有技术，也没有苗，就想着先买一点苗试种，就借了创业贷款5万元。向这个江苏的商家买了5万块钱的苗，这是一笔很大的投资，但是没想到等苗送到的时候，这笔投资打了水漂。这些草莓苗全部死掉了，从江苏到云南，烧苗在所难免。本来我们是想向店家咨询一下看有没有什么补偿，结果他把我们给拉黑了，5万元的贷款就这样付诸东流。当时我感觉天都要塌下来了，原本的美好和想象顿时成了泡沫。

但是种草莓的地我们已经租了，总不能空着吧？我又联系上四川的一个老板，准备花2000元在他那里买苗。经过江苏老板的那个事件之后，我觉得我和我老公需要一起去四川现场选苗，然后自己再拉回来，避免苗全部烧死的情况发生。当时我们开的是自己的面包车去的四川，那辆面包车在我手里已经有六年了。最后，从四川到云南的20多个小时的车程，还是极大地影响到了这些草莓苗的成活率，最终拉回来的苗只有50%的存活率，这让我备受打击，心心念念那么久，不惜主动跑到四川，结果还是不尽如人意。

不过我或许是遇到贵人了，这个四川的老板，我叫他赵总，得知我的家庭条件之后，在我们买他的苗之后的每一年，都会过来看我的草莓种得怎么样，给我做技术指导。然后我遇到什么问题问他，他也很细心告诉我。后来他就说，"贵相，只要你草莓卖完，你每年都去我的草莓基地看一下，可以学习一下"。

有些时候，有一些关于草莓种植的交流会他也会请我过去，记得有一次，去参加交流会，我因为生病精神比较憔悴，也没怎么打扮，坐着我家的那辆开了6年的面包车就去了，到了以后发现别人都是坐豪车，打扮得也很干净，就只有我显得邋里邋遢，鸡立鹤群，我就觉得很尴尬，觉得丢了赵总的脸，想着，"我是赵总介绍来的，却表现得这么差，让赵总丢了面子"。之后，我也向他道了歉，没想到，他竟然说："贵相，你不要这样子想，因为你的家庭跟别人不一样，我知道你种这个草莓已经很尽心了，我不在乎这个穿着打扮怎么样，你学好种草莓就是最重要的了。"那一刻，我真的觉得我是遇到贵人了。

可能上天总是喜欢捉弄人，我家的草莓种植好不容易步入正轨，不幸的事又发生了。2018年，我种的草莓大都被淹了，损失惨重。对此我一筹莫展，总不能重新选一块地，我租金都交了好几年的。不过，幸好在赵总那里我寻到了方法。

之前去赵总那里学习的时候，注意到了他的大棚里种着一些"空中草莓"，这些草莓并没有直接种在地里，而是种在盆里，而这些盆被放在距离地面差多少60厘米的架子上，摆得整整齐齐的，采摘的时候也不用蹲下，只需微微弯腰即可。我立刻向赵总咨询这项技术，但是赵总说这项技术还是有点困难，不建议我引进。但是我不信邪，在2019年的时候，也就是发洪水的第二年，我的草莓种植大棚里几乎种的全部是这种"空中草莓"，只留一丁点种在地里。不改不行呀，我总不能让我辛苦种出来的草莓再被淹。你们现在看到的就是"空中草莓"，现在还没结果，不过也可以看出长得很好。之前赵总来看的时候还很惊讶。我对此还是很自豪的。

奏响华丽生命之歌

你看我，光顾着诉苦了。其实种草莓以来，也有很多开心的事。

2017年1月，我成立了西畴县贵相维草莓种植专业合作社，既然都说到合作社了，你知道合作社名字里面为什么会有个"维"字吗？读着是不是有些不顺口？哈哈。我当时也没想那么多，只是希望我们的合作社能够维持下去，就在合作社的名字里加了个"维"字。好，我们接着聊草莓。2017年成立这个合作社之后，到目前为止我们已经有220个社员，2个基地，一个位于兴街镇安乐村委会邑基村小组，另一个则在三光石漠化展览馆后大约1公里处，就是我们现在在的地方。每亩地每年我们大概可以赚20000元，现在合作社一共有50亩左右的土地。一年下来可以赚不少钱。当然这钱也不是我一个人的，而是全体社员的，有钱大家一起赚。

其实，在我们村种草莓的不止我们一家，但是他们都是散户，规模太小，技术也不成熟，而且他们年纪要比我和我老公大很多，搞不懂现在手机、网络，所以他们也不太会宣传自己的草莓，常常面临滞销的风险。对此我也是于心不忍，能帮则帮，将自己的一部分客户介绍给他们，同时也提供草莓苗给他们。

本来，这是个皆大欢喜的事。但是，唉，有人说我是不是在其中昧着良心，还赚了不少。对此，我不避讳，我承认我是赚了差价，毕竟这是我积累的人脉，但是也没有多少，而且我在和那些散户商量的时候，关于差价这一点，我是明确说出来的，他们也是愿意的。

哦，关于卖草莓还发生过一件特有趣的事情，就是有一年过年我们回老家了，回去之前我们把棚子里已经被摘过一遍的剩下的数不多的草莓给摘下来放在了门口，这些草莓品相不是很好。结果我们在家的时候，手机收到了收款的提示，等过完年到棚子里一看，原来是有人把草莓买走了。

后来，也就是2018年的时候，西畴县妇联把我的事情报给了州残联，州残联给我颁发了"文山州残疾人创业先锋"的称号。借此机会我加到了县妇联同志的微信。然后在2020年初，新冠疫情大规模暴发的时候，一位县妇联的同志在朋友圈里发布了疫情防控各个卡点十分困难的信息。对此,我很着急也很同情,就发微信给她,问,"我是否可以捐点草莓给各个卡点?"卡点接受了的我的草莓,我也一下子变得有名起来,媒体的曝光也越来越多,各种各样的荣誉接踵而至,你可以看到,这面墙上全是,大都是我捐了草莓之后才有的。2021年的时候我还被评为了"西畴精神"代表人物,照片被挂在了"西畴精神"展览馆。

看来人活着还是要对社会做点贡献的。

(执笔人:李文哲)

参考文献

一 档案类

《弘扬践行"西畴精神"——文山州西畴县推动县域跨越发展进位的做法成效》,内部资料。

《西畴县国民经济和社会发展第十四个五年规划纳要》,内部资料。

西畴县林业局:《西畴县林业志》,西畴县林业局,内部资料。

西畴县融媒体中心:《西畴县融媒体中心五年工作总结》,西畴县融媒体中心,2021年5月13日。

云南省西畴县志编纂委员会主编:《西畴县志(1911—1988)》,云南人民出版社2012年版。

西畴县地方志编纂委员会主编:《西畴县志(1989—2015)》,云南人民出版社2022年版。

中共西畴县委、西畴县人民政府:《西畴县工作情况汇报》,2021年7月5日。

中共西畴县委、西畴县人民政府:《西畴县巩固提升脱贫攻坚成果案例》,2020年版。

二 著作类

蔡志强:《社会动员论》,江苏人民出版社2015年版。

恩格斯:《从巴黎到伯尔尼》,《马克思恩格斯全集》(第5卷),人民出版社,1958年版。

费孝通:《乡土中国》,北京大学出版社2021年版,第110页。

何得桂等:《中国脱贫攻坚调研报告——秦巴山区篇》,中国社会科学出版社2020年版。

贺雪峰：《乡村治理的社会基础——转型期社会性质研究》，中国社会科学出版社 2003 版。

李晓丰：《新时期四川省爱国卫生发展研究》，民族出版社 2018 年版。

梁漱溟：《乡村建设理论》，上海人民出版社 2006 年版。

毛泽东：《毛泽东选集》（第五卷），人民出版社 1977 年版。

沈杉：《云南省文山州石漠化问题研究》，硕士学位论文，云南财经大学，2014 年。

习近平：《习近平谈治国理政》（第二卷），外文出版社 2017 年版。

杨华：《县乡中国——县域治理现代化》，中国人民大学出版社 2022 年版。

张邦兴：《中国第一个壮族女县长侬惠莲》，民族出版社 2018 年版。

张厚安：《中国农村村级治理——22 个村的调查与比较》，华中师范大学出版社 2000 年版。

中共中央党史研究室：《中国共产党历史》（第二卷上册），中共党史出版社 2021 年版。

周鑫宇：《中国政治的细节——一个县的减贫治理》，中国人民大学出版社 2022 年版。

周星：《道在屎溺：当代中国的厕所革命》，商务印书馆 2019 年版。

[德] 马克斯·韦伯：《经济与社会》，林荣远译，商务印书馆 1997 年版。

[德] 托马斯·海贝勒等主编：《"主动的"地方政治：作为战略群体的县乡干部》，中央编译出版社 2013 年版。

[美] 詹姆斯·C. 斯科特：《农民的道义经济学 东南亚的反叛与生存》，程立显、刘建等译，译林出版社 2013 年版。

[日] 田原史起：《日本视野中的中国农村精英：关系、团结、三农政治》，山东人民出版社 2012 年版。

三 文章类

《县乡人大运行机制研究》课题组：《县乡关系的政治体制改革：如何建立民主的合作新体制》，《经济社会体制比较》1997 年第 4 期。

《中共中央 国务院关于打赢脱贫攻坚战的决定》，《中华人民共和国国务院公报》2015 年第 35 期。

边丽瑾：《农村妇女性别角色转变研究》，硕士学位论文，西北农林科技大学，2020 年。

陈成文、汪希：《西方社会学家眼中的"权力"》，《湖南师范大学社会科学学报》2008 年第 5 期。

陈国申、陈文倩：《乡村振兴背景下女性地位的成长与跃升——基于山东三个村庄的个案调查》，《江苏海洋大学学报（人文社会科学版）》2020 年第 4 期。

陈怀宇、张子源：《乡村振兴"她力量"：基于日本女性职业农民培育政策的批判性借鉴》，《中国职业技术教育》2021 年第 9 期。

陈志文：《文山人民在抗日战争中的贡献》，《云南档案》2015 年第 6 期。

陈忠言：《中国农村开发式扶贫机制解析——以沪滇合作为例》，《经济问题探索》2015 年第 2 期。

戴世飞、李元、谢学东、赵应刚：《西畴县农村人居环境整治提升策略研究》，《云南农业》2021 年第 5 期。

樊翠娟：《村干部老龄化的成因及破解之策》，《安徽农学通报》2019 年第 12 期。

高继科、杨英杰、赵富学、洛让加措、才让卓玛：《乡村振兴战略下安多藏区农牧区藏族女性体育发展路径构建》，《南京体育学院学报》2020 年第 9 期。

高鸣：《中国农村人口老龄化：关键影响、应对策略和政策构建》，《南京农业大学学报（社会科学版）》2022 年第 4 期。

高旸：《"大社会"与"小家庭"——精准扶贫的情感治理经验探析》，《云南社会科学》2020 年第 2 期。

耿曙、王颖颖：《发展研究中的"国家能力解释"——论证逻辑的陷阱及其超越》，《社会学评论》2022 年第 2 期。

郭斌、宁泽逵：《村干部角色代理权重的实证分析——基于陕西省 M 县 104 个村干部的问卷调查》，《农村经济》2011 年第 3 期。

何雪松：《情感治理：新媒体时代的重要治理维度》，《探索与争鸣》

2016年第11期。

贺雪峰、魏华伟：《中国农民合作的正途和捷径》，《探索与争鸣》2010年第2期。

贺雪峰：《论半熟人社会——理解村委会选举的一个视角》，《政治学研究》2000年第3期。

侯瑞：《革命、国家与情感——一项有关国家权力情感维度的理论综述》，《学理论》2013年第25期。

黄快生：《妇女参与乡村振兴：制度困境与政策选择》，《社会科学家》2021年第4期。

江涛：《舒尔茨人力资本理论的核心思想及其启示》，《扬州大学学报（人文社会科学版）》2008年第6期。

蒋春燕：《论我国农村"村村通公路"政策及改进建议》，《科教导刊（中旬刊）》2010年第8期。

金凤云：《农业发展的一个重大决策的出台和实施——云南建设2500万亩高产稳产农田的回顾》，《创造》2005年第4期。

孔祥智：《产业兴旺是乡村振兴的基础》，《农村金融研究》2018年第2期。

李敏、刘淑兰：《乡村振兴战略下农村妇女政治参与及引导路径》，《福建农林大学学报（哲学社会科学版）》2019年第4期。

李羊城、叶美霞：《论"忆苦思甜"在大学生艰苦奋斗教育中的创新运用》，《教育与职业》2011年第14期。

李祖佩、梁琦：《资源形态、精英类型与农村基层治理现代化》，《南京农业大学学报（社会科学版）》2020年第2期。

李祖佩：《项目进村与乡村治理重构——一项基于村庄本位的考察》，《中国农村观察》2013年第4期。

李祖佩：《新代理人：项目进村中的村治主体研究》，《社会》2016年第3期。

林宝：《中国农村人口老龄化的趋势、影响与应对》，《西部论坛》2015年第2期。

林尚立：《在有效性中累积合法性：中国政治发展的路径选择》，《复旦学报（社会科学版）》2009年第2期。

刘畅：《外生型乡村精英的情感治理实践——基于独龙江乡驻村干部工作的观察》，《中共云南省委党校学报》2022年第4期。

马忠俊：《弘扬"西畴精神"实施"六子登科"在石漠化地区创造绿色生态家园》，《创造》2011年第5期。

单霁翔：《博物馆使命与文化公共权益保障》，《四川文物》2014年第1期。

税国洪、刘银：《乡村振兴女性人才生态环境理性审视》，《重庆社会科学》2020年第8期。

苏醒、田仁波：《乡村振兴战略背景下女性社区精英的角色实践——基于云南大理州云龙县N村旅游社区的个案考察》，《云南社会科学》2019年第1期。

王建华：《高等教育的应用性》，《教育研究》2013年第34期。

王露璐：《经济能人·政治权威·道德权威——以HH村为个案的苏南村庄领袖权威获得与延续之实证研究》，《道德与文明》2010年第2期。

王伟涛、高建梅：《基于田野调查和理论分析讲好中国脱贫故事——评〈中国脱贫攻坚调研报告——秦巴山区篇〉》，《农村经济与科技》2022年第9期。

王妍蕾：《村庄权威与秩序——多元权威的乡村治理》，《山东社会科学》2013年第11期。

王雨磊：《缘情治理：扶贫送温暖中的情感秩序》，《中国行政管理》2018年第5期。

魏丽娜、傅守祥：《乡村振兴的文化产业与特色发展》，《当代贵州》2021年第49期。

文军、高艺多：《社区情感治理：何以可能，何以可为？》，《华东师范大学学报（哲学社会科学版）》2017年第6期。

吴理财：《县乡关系的几种理论模式》，《江汉论坛》2009年第6期。

吴毅：《双重边缘化：村干部角色与行为的类型学分析》，《中国农村经济论坛》2002年第11期。

项飚：《普通人的"国家"理论》，《开放时代》2010年第10期。

徐勇：《"政党下乡"：现代国家对乡土的整合》，《学术月刊》2007

年第 8 期。

徐勇：《村民自治、政府任务及税费改革——对村民自治外部行政环境的总体性思考》，《中国农村经济》2001 年第 11 期。

徐勇：《权力重组：能人权威的崛起与转换——广东省万丰村先行一步的放权改革及启示》，《政治学研究》1999 年第 1 期。

杨砚池、刘圣欢：《爱国卫生运动的中国经验：生成与新进展》，《大理大学学报》2022 年第 9 期。

姚清晨、张颖：《政治权威的合法性基础：兼论乡土社会中的长老权威》，《重庆与世界（学术版）》2015 年第 7 期。

易前良：《人情、说服与认同：转型期农村宣传动员的话语分析》，《南京社会科学》2018 年第 8 期。

印子：《乡村基本治理单元及其治理能力建构》，《华南农业大学学报（社会科学版）》2018 年第 3 期。

翟学伟：《人情、面子与权力的再生产——情理社会中的社会交换方式》，《社会学研究》2004 年第 5 期。

张晓溪：《认同唤醒视角下的单位认同研究》，《学习与探索》2015 年第 6 期。

张新文、杜春林：《村庄公共事务决策结构的探讨——基于皖西 X 村"村村通"工程的个案》，《北京行政学院学报》2014 年第 3 期。

张永丽、李青原、郭世慧：《贫困地区农村教育收益率的性别差异——基于 PSM 模型的计量分析》，《中国农村经济》2018 年第 9 期。

赵晓峰、魏程琳：《行政下乡与自治下沉：国家政权建设的新趋势》，《华中农业大学学报（社会科学版）》2018 年第 4 期。

郑保卫、张喆喆：《县级融媒体中心建设：成效·问题·对策》，《中国出版》2019 年第 16 期。

周素：《妇女参与乡村振兴后性别角色转变困境及对策研究》，《农村经济与科技》2022 年第 1 期。

周小华：《爱国卫生运动 70 年的经验与启示》，《中国人口报》，2022 年 8 月 10 日。

周玉俊、夏天才、杨妍：《西畴县石漠化现状、形成原因及治理对策》,《环境科学导刊》2013 年第 32 期。

朱千华等:《绝地求生 从石漠化锁困到喀斯特绿洲的文山西畴》,《中国国家地理》2022 年第 5 期。

四 其他类

共产党员网网站,https：//www.12371.cn/2022/03/31/ARTI1648714506421324.shtml,下载时间：2022 年 8 月 11 日。

共产党员网网站,https：//www.12371.cn/2021/07/21/ARTI1626835134040307.shtml,下载时间：2022 年 8 月 31 日。

汉源县人民政府网站,http：//www.hanyuan.gov.cn/gongkai/show/e-5e01a102d5e3c49762116903730a399.html,下载时间：2022 年 8 月 26 日。

求是网网站,http：//www.qstheory.cn/dukan/qs/2022-03/31/c_1128515304.htm,下载时间：2022 年 8 月 17 日。

求是网网站,http：//www.qstheory.cn/yaowen/2022-10/17/c_1129067786.htm,下载时间：2022 年 10 月 30 日。

人民网网站,http：//media.people.com.cn/n1/2016/0628/c405364-28503117.html,下载时间：2022 年 8 月 11 日。

人民网网站,http：//politics.people.com.cn/n/2015/0725/c70731-27359610.html,下载时间：2022 年 10 月 30 日。

三联生活周刊网站,https：//www.lifeweek.com.cn/article/161018,下载时间：2022 年 10 月 19 日。

上海市虹口区人民政府网站,http：//www.shhk.gov.cn/jzfp/031001/20211221/06274cd9-7481-4353-ae91-3c3eca9823d9.html,下载时间：2022 年 10 月 12 日。

手机网易网网站,https：//3g.163.com/dy/article/GP68LE940530WSML.html,下载时间：2022 年 8 月 31 日。

网易网网站,https：//www.163.com/dy/article/H4RF6NLI0539CFZW.html,下载时间：2022 年 10 月 30 日。

文山壮族苗族自治州人民政府网站,http：//www.ynws.gov.cn/info/1121/297157.htm,下载时间：2022 年 8 月 11 日。

西畴人民政府网站，https：//www.xczw.gov.cn/zfxxgk/fdzdgknr/ggsy/content_31222，下载时间：2022年8月18日。

西畴县人民政府网站，https：//www.xczw.gov.cn/ztzl/fqfjjzfgfc/content_18084，下载时间：2022年8月11日。

西畴县人民政府网站，https：//www.xczw.gov.cn/zwyw/bmdt/content_28304，下载时间：2022年8月15日。

云南网网站，https：//society.yunnan.cn/system/2020/11/20/031132169.shtml，下载时间：2022年10月30日。

中国妇女网网站，http：//www.cnwomen.com.cn/2019/09/02/99171013.html，下载时间：2022年6月24日。

中国经济网网站，http：//views.ce.cn/view/ent/201903/06/t20190306_31622998.shtml，下载时间：2022年10月30日。

中国经济网网站，http：//views.ce.cn/view/ent/202205/13/t20220513_37576885.shtml，下载时间：2022年10月30日。

中国政府网网站，www.gov.cn/xinwen/2018-08/22/content_5315723.htm，下载时间：2022年8月8日。

中华人民共和国国家卫生健康委员会网站，http：//www.nhc.gov.cn/lljks/pqt/202110/c794a6b1a2084964a7ef45f69bef5423.shtml，下载时间：2022年10月30日。

中华人民共和国国务院新闻办公室网站，http：//www.scio.gov.cn/xwfbh/xwbfbh/wqfbh/2015/33909/zy33913/Document/1459277/1459277.htm，下载时间：2022年8月15日。

中华人民共和国农业农村部网站，http：//www.moa.gov.cn/ztzl/ncgzhy2017/zxdt/201801/t20180103_6133748.htm，下载时间：2022年8月7日。